すしが楽しい

日本の魚・おもしろい漢字の話

字源

語源

原田幹久 書・著

まえがき

平安時代には魚を部首とする漢字はわずかしかありませんでした。その後、諸橋轍次氏が著した『大漢和辞典』には、約６８０字余り記載されています。現在は、７００字以上あるといわれています。

何故、魚偏の漢字がこんなに造字されたのか？はっきりとはわかりませんが、舟が時代とともに高性能となり、遠洋漁業が可能となったからだと考えられます。遠洋漁業が盛んになるにつれ、多くの種類の魚が獲れるようになり、たくさんの魚偏の漢字が作られました。

すしは、飯（舎利）の上に、魚（切り身）をのせるという単純なものですが、やがて、お祝いを表す「寿」と、はじめの意味をもつ「司」の字を合わせて「寿司＝（寿を司《つかさ》どる）」という漢字が生まれました。

すしは、日本人の食に対する深い思いと工夫（技術）により大きく発展し、現在に至りました。今では、世界中から注目される日本料理の一つとなっています。

今回は、すし屋でよく見かける魚偏の漢字を中心に、漢字の字源・語源を解く本を出版することになりました。すし屋の深い文化にふれていただくきっかけになれば幸いに存じます。

出版に際しましては、「古玩蒐集Ⅰ・部首辞典」につづいて寺東百合子先生・北口勝彦先生にご支援を賜りました。特徴・処理と料理法については辻調理師専門学校の岡田裕先生に、鮮魚のポイントについては鮮魚店のみなさまに、ご協力いただきました。また、編集では、黒飛久美子先生、神谷敬子先生、松本智美先生にお力添えをいただきました。諸先生には厚くお礼申し上げます。

原田　幹久

モンゴウイカ

スルメイカ

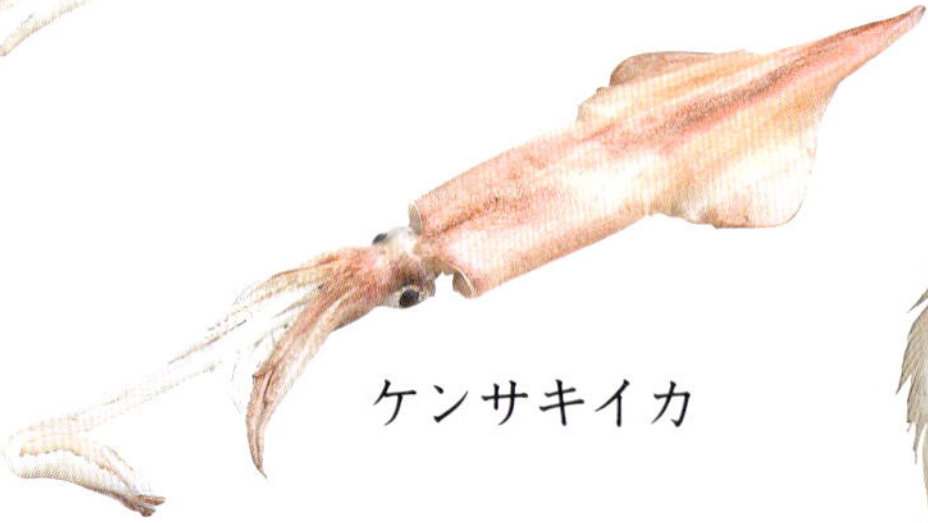

ケンサキイカ

タチウオ

アユ

ハマグリ

スズキ

コブシとアワビ

カツオ

マダコ

イワシ

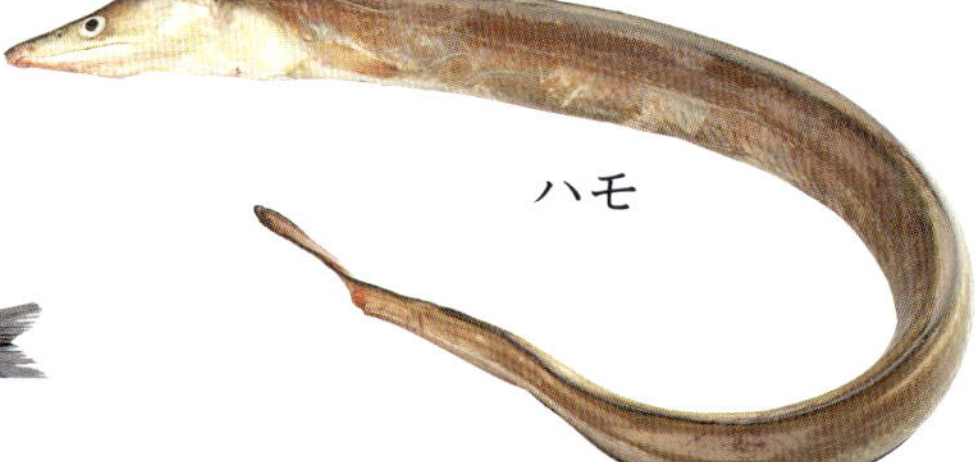

ハモ

サヨリ

写真：高橋栄一

目次

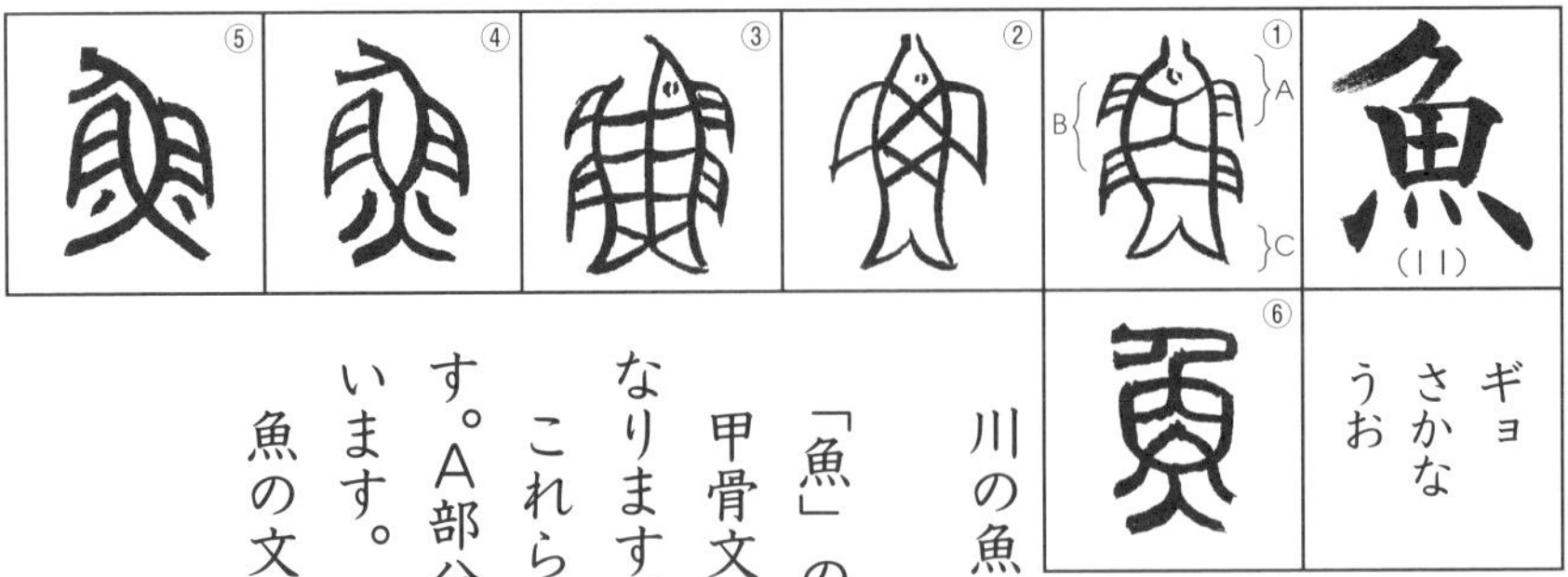

※異体字では「𩵋」と書かれることがあります。

魚の種類は多く、日本近海だけでも獲れる魚は４０００種以上、世界では２万種以上存在すると言われています。

川の魚、海の魚と種類が豊富で名前のわからないことが多くあります。

「魚」の文字を古い順に書くと上記となります。

甲骨文字で書くと①②となります。金文で書くと③④で、篆文で書くと⑤⑥となります。

これらの文字を見ると明白なように、水中にいる魚を真横から見た象形文字です。A部分は頭部です。B部分は鱗のついている胴体です。C部分は尾びれを表しています。

魚の文字は、海や川の水中を生き生きと泳ぐところを描いた象形文字です。

酒を飲む際に添える食品を意味する言葉には「アテ」とか「肴＝さかな」があります。

「アテ」は関西では「おつまみ」のことをいいます。それは「何かアテ頼んで」が「何かつまみを頼んでください」の意から生まれたものです。その語源は、「酒にあてがう食べ物」からきたと言われています。

ちなみに「おつまみ」という名称の由来も食べ物の「つまみもの」からきています。

肴《さかな》 ⑻

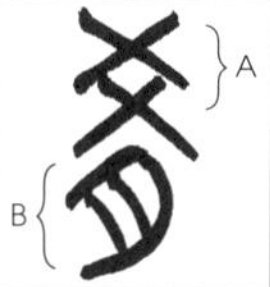

酒を呑む時に添えられる食べ物、「肴＝さかな」といいます。歴史的に古い呼び方です。「魚」も「肴」も(さかな)と読みますが、意味は違います。「魚」は、魚の形を描いた象形文字で、川や海などに生息する魚です。「肴」は、肉を部首とする漢字です。A部分は、「爻＝コウ」で交ぜる・組み合わせるの意で、B部分は、動物の肉や鳥肉・魚肉を表したものです。「肴」の文字は、酒を楽しむ食品のことを示します。ときには人の話題を含むことも…。
肴の由来は、酒菜からといわれます。「菜」の文字は「食べ物」を意味し、酒菜とは「酒の食べ物」のことです。酒菜(さかな)という響きを、料理を意味する肴と言う文字に当てたことが、肴という言葉の語源と言えます。
そこから派生して、酒席の興を添える歌舞や会話などの総称としても用いられます。酒肴(しゅこう)とも言います。市販品からちょっとしたおかず、珍味、塩蔵品など酒のすすむものが多いです。

茶《ちゃ》（9）

すし屋ではお茶を（お茶・さしかえ・あがり）と言います。

聖武天皇の天平元年（729）に、100人の僧を内裏に召して般若経を講ぜしめた折、行茶として茶をたまわったという古い記録があります。そして茶は延暦二四年（805）最澄（伝教大師）が唐から帰国した際、茶の種を持ち帰り、その後、空海（弘法大師）も帰国の折、茶の種を持ち帰り、茶の栽培が広まったといわれています。嵯峨天皇の弘仁六年（815）、近江・丹波・播磨に茶木を植えさせたと『日本書紀』にあります。また、仁安三年（1168）に栄西が宋に赴き、建久二年（1191）帰国する際、茶種を持ち帰り、筑前国（背振山）に植えられたものが岩上茶といわれます。京都の建仁寺の栄西は『喫茶養生記』を著して、茶の効能などを説きしめし、栄西禅師は後世茶の祖といわれています。当初は薬として用いられていましたが、その後徐々に喫茶の習慣が定着しました。

「茶」の文字を篆文で書くと上記となります。

A部分が、大地から生えた草や木の葉の形です。B部分は、葉の覆いかぶさった様子を表したものです。

茶の種類をあらわす文献として中国の書籍に「檟《か》（茶の木）は苦茶なり」とか、「樹は小さく栃《あか》子《ね》に似たり、冬葉を生ず（中略）、早く采るものを呼んで茶と為し、晩く采るもの（遅摘み）を茗《めい》と為す（略）」と記録があります。したがって、茶を表す漢字には（檟・茗茶・茶）などがあることを示しています。現在使っている「茶」は中唐以後につくられた文字です。
※ひやかすことを「茶化す」と書きますが、本来は「岔」（山道の分岐・本筋の話題をそらす）で表すのが望ましいのではと考えます。

格式のあるすし屋では、大きい湯飲みに、お茶は少なめで、普段のお茶よりも熱く入れられます。お茶の量が少ないのは持ちやすくするためで、すしを食べた後、口の中の脂分をおとす役目があります。また、最初に出すお茶を「おちゃ」といい、二度目からは「さしかえ」といい、食後のお茶を「あがり」といいます。

元々はお座敷遊びの隠語で、「最後」を意味する「あがり」に由来するもので、お座敷遊びの最後にお茶を出されることから転じて、すしの名店でも最後のお茶を「あがり」と呼びます。

日本で生産されるほとんどが緑茶で、栽培方法、摘採時期（一番茶、二番茶、三番茶）、製造工程の違いにより様々な製品になります。主な製造方法は蒸し製法ですが、一部では釜煎りにされます。種類は煎茶、深蒸し煎茶、玉露、抹茶、かぶせ茶、甜茶《てんちゃ》、茎茶、粉茶、玄米茶、ほうじ茶、番茶など非常に多いです。

関連用語には碾茶《てんちゃ》、点茶、茶の湯、茶摘み、八十八夜（立春からかぞえて八十八日あたりに摘みとった茶）などがあります。

すし（鮓・鮨・寿司）の違い

鮓＝最も古い表記です。元々は塩や糟などに漬けた魚や、発酵させた飯に魚を漬け込んだ保存食を意味した漢字です。ですから、発酵させて作るすしや、馴れずしなどを示します。「鮓」の漢字は、鯖鮓・鮒鮓などで使われます。

鮨＝生魚などを使った握り鮨・押し鮨・棒鮨など馴れずし以外のすしに使われ、鮨の漢字は、魚を塩または粕《かす》でつけたものを表します。

寿司＝江戸時代に縁起担ぎで作られ当てられた文字です。「寿を司《つかさど》る」の意味、もしくは、賀寿の祝いの言葉の「寿詞」に由来するといわれています。

魚を使わないすしには「鮨」や「鮓」の漢字は適していません。かっぱ巻き・稲荷寿司・手巻き寿司・ちらし寿司・タカナ寿司などには「寿司」が用いられます。「寿司」の文字の場合は、ネタの種類を問わず使われます。また、すしの種類も問わず使えることや、縁起担ぎの意味もあり、現在は「寿司」が最も一般的な表記として使われています。

旬

食材の一番美味しい時期を指す言葉です。四季それぞれ出回る魚介、野菜、果物などが多く採れて、味の最も良い時期です。それを食べることで、季節を感じることができます。旬の前を「走り」、旬の後を「名残り」といい、合わせて楽しむことが日本料理の特徴です。

また、その季節で旬同士または相性の良いものを「出会い物」といいます。代表的なもので、「鯛、筍、木の芽」「アユ、蓼葉」「すっぽん、葱、生姜」「芋、蛸、南瓜」「鱧、松茸、柚子」などがあります。

すし屋の隠語

すし屋の隠語は、お客に悟られないように職人同士でコミュニケーションを取るためのものです。お客は隠語を用いず一般の言葉で注文した方が無難です。本当の通といわれる人は、知識として知っていても隠語は使いませんので注意してください。

○五八様

嬉しい客のことをいいます。これは「5×8」＝40、始終（しじゅう）来てくれる客から言われます。

Ark shell;Bloody clam

赤《あか》(7)貝《がい》(7)

（篆文）

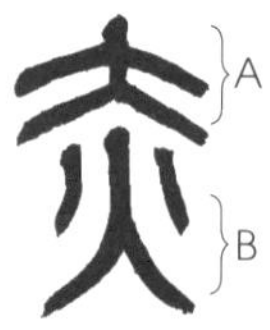

●**別字**　蚶　魽

●**旬**は冬から早春にかけて。

海産の二枚貝で殻長が12㎝内外です。殻は四角ばって、厚く膨らんで、殻表は黒褐色の毛状の皮で覆われています。両殻の合わせ目には細かい歯が一直線に並んでいます。

赤の文字は「大」と「火」の組み合わせによって出来た文字です。「赤」の文字を篆文で書くと上記となります。

赤の字源は、A部分は、人が手足を広げて立っている姿を表します。B部分は、物を燃やして火の粉が散っている形を示しています。

赤の文字は、火によって人の穢《けが》れを祓う儀式が古くより行われていたことを示し、罪が赦免されることを表しています。神社の建物が赤いのは、儀礼の火(赤)が反射し悪霊や災厄を払う力があるとされることからです。

アカガイの語源は、赤貝の血液が赤く、肉も赤みを帯びているところから名前があります。また、女性の性器を表す隠語です。

北海道南部から朝鮮半島までの内湾の泥底に生息しています。主産地は富津、陸奥湾、伊勢湾、瀬戸内海、博多湾や有明海などですが、近年は韓国産の輸入物や養殖ものが多く出回っています。赤貝は「本玉」とも呼び、近縁種の「サトウガイ」を「白玉(バッチ)」とも呼びます。殻の表面の線が42本前後のものが赤貝で、白玉は38本前後と少なく、判別することができます。

●料理

すし種、和え物、酢の物など、生で用いられます。身はやわらかく、ほのかな甘みのある味、磯の香り、こってりとした歯触りがあります。夏には肝が毒を持つので食べない様にします。

アカガイの鮮度のポイント

○殻が薄く持って重いもの、貝同士を軽く打ち合せるとごつっとかたい音がするものが良いです。

○むき身の場合は身の色の濃いもの、身が厚く盛り上がっているものが良いとされます。

切り方によって蝶々、唐草、いちご、菊花赤貝などと名前が付きます。

すし屋の隠語

○たま

活きの良い赤貝、身がぷっくりと丸い様子から「たま」と呼ばれます。

○ひも

アカ貝などの二枚貝の外套膜《がいとうまく》。

Japanese littleneck

鯏《あさり》

(18)

●**別字**　浅蜊　浅利　蜊　蛤仔　蛤子

●**旬**は春から夏。

鯏の文字は、「魚」と「利」の組み合わせによって出来た文字です。「利」の文字を篆文で書くと上記となります。

利の字源は、A部分は、穂が実りたれさがっている形です。B部分は、鋭い刃物を示しています。利の文字は、稲を栽培し、鋭い刃物（すきなどの農具）で土を耕すことを意味する文字です。鯏は、アサリを採るときに刃物（潮干狩りの網付き熊手）を使用して掘りおこし採ることから「利」の文字が付けられています。

鯏は、もともと「浅利」と書いていました。江戸時代の『本朝食鑑《ほんちょうしょっかん》』には「浅蜊」と漢字表記されています。また、鯏の文字が登場するのは新井白石が著した『同文通考《どうぶんつうこう》』に記録があります。一般的には貝類は虫偏になっていますが、まれに「鮑《あわび》」のように魚偏になることがあります。同じように「鰐《わに》、鰕《えび》、鮹《たこ》、鰻《うなぎ》」も書かれます。

鯏はハマグリ（蛤）より小さく、シジミ（蜆）より大きい貝です。蛤より小さいため「蛤子・蛤仔」の字が当てられ表記されることもあります。

アサリの語源は、淡水が流れこむ内湾などの砂泥に生息します。水辺で食物を探すことから「あさる（漁《あさ》る）・あさり（漁り）」となったものです。

潮干狩りでは、アサリにくらべるとハマグリが見つかりにくいのには理由があります。アサリは、ほとんど一生同じ場所で過ごしますが、ハマグリは、移動して生活をするためなかなか見つかりにくいです。殻の表面に布目状の模様は生息する場所で違ってきます。

内湾の干潟などに多い貝で、潮干狩りの対象となります。東京湾、伊勢湾、有明海や瀬戸内海が主な産地、生後1年くらいで殻長4～5㎝ほどになり、この時期の稚貝を撒いて養殖することもあります。近年は国産が減り、輸入物が多くなっています。産卵期の5～12月は中毒の恐れがあるので、注意が必要です。

●料理

酒蒸し、汁物、佃煮、あさり飯などの食べ方があります。浅蜊のむき身と葱、油揚げと一緒に味噌汁で炊き、ご飯の上にのせる「深川丼」は東京の郷土料理として有名です。他にもしぐれ煮、沼田和え、炒めもの、かき揚げなどがあります。

アサリの鮮度のポイント

基本的には殻の模様のキレイなものを選ぶとよいでしょう。殻が大きく左右に膨れているものが、実もよく詰まっていて良いとされています。

Horse mackerel

鱢《あじ》

(19)

（篆文）

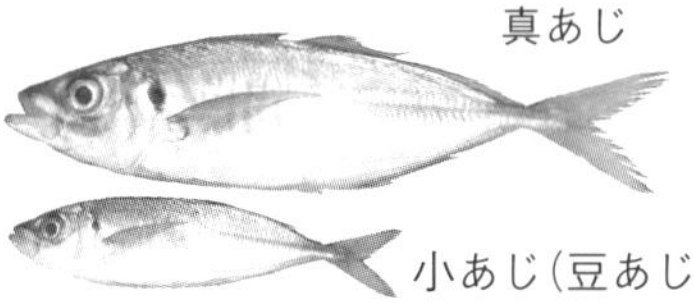

●旬は初夏から秋。

●別字　鯵（鰺）　阿遅　鯇

●地域によっての呼び名・種類

ヒヨットコ（東北）　ジンタ、ジンダコ（神奈川・千葉・静岡）

ゼンゴ（伊豆・広島・四国）アオアジ・オニアジ（和歌山）　トッパ（高知）

鱢の漢字は一般的に「鯵」と書かれますが、正字は「鱢」です。

鱢の文字は、「魚」と「喿」の組み合わせによって出来た文字です。

「喿」の文字を篆文で書くと上記となります。

鱢の字源は「喿＝参＝叅」は「多くのものが入り交じる」意で、魚偏に参＝叅をつけて「鰺＝鱢」となりますが、アジが入り交じって群集する魚から「喿」の上部が「厽」となり、さらに下部も「尒」→「ホ」と変化したのか「3月ごろが一番美味であるから「参」なのかさだかではありません。いずれにせよ「喿」の文字には「なまぐさい」の意があります。アジは腐りやすく生ぐさい魚であるところから「喿」の文字が付けくわえられたと思われます。

室町時代の『下学集《かがくしゅう》』には味の良さを明らかにした「鯇」の字があり、平安時代の『新撰字鏡《しんせんじきょう》』（901）には「叅＝鯵」があります。

アジの語源は、新井白石が著した『東雅』に「アジとは味也、その味の美をいふなり」と記して、魚の味が旨いところから「アジ」と言うとしています。

鰺は、一年中出回っており、九州から駿河、房総、三陸沖へと漁場が変わります。

アジ科は多く、一般的に「あじ」というと「真あじ」をさします。沿岸部に生息する瀬付きの「黄あじ」、沖合を回遊するのを「黒あじ」といいます。サイズによって「豆あじ」「小あじ」「中あじ」「大あじ」と呼び、区別します。

他にも「真あじ」より脂が少なく体が丸い「丸あじ」、高級魚で養殖も多い「縞あじ」、くさやなどの干物にむく「むろあじ」があります。

体の側面にある発達した硬いウロコ（ぜいご）があるのが特徴です。

●料理

造り、酢締め、すし種、塩焼き、天ぷら、フライ、南蛮漬けなどの食べ方があります。

鰺は「濁りのない目」が新鮮といわれ、目が黒っぽく光っているものが良いといわれ、鮮度が落ちると目が白く濁ってきます。

身を叩きにして、味噌と葱、生姜を混ぜたものを「なめろう」、これを焼いたものを「さんが焼き」といい、千葉の郷土料理であります。また、叩いた身を丸めてつみれ汁や鍋にもします。

すし屋の隠語

○光りもの

魚の表皮が青光りしている魚のことで、アジ・サンマ・コハダ・イワシ・サバ・カツオなど日本人の食生活になじみの多い魚です。古くから背の青い魚は身体を内側からあたため、内臓の健康によい素材として重宝されてきました。

○しゃり

すし飯のことです。佛舎利（お釈迦さまの遺骨）を入れる箱に似ているところからきたものです。

地域によっては「赤シャリ」と呼ばれるしゃりもあります。これは酒粕を数年熟成させると酒粕の色が赤く変化し、この貯蔵酢と米を原料にして作られた酢を「赤酢」といい、それを用いたしゃりのことをいいます。

○どんしゃり

すし飯ではない普通のご飯のことをいいます。

○鮨屋の数の通り符丁

1＝そく、よろづ、ピン（ポルトガル語）

2＝ぶり、ノの字、リャン（中国語）

3＝きり、げた（下駄は穴が三つある）

4＝だり（昔の駕籠舁きの隠語）
5＝め、メの字、がれん（目が五画）
6＝ろんじ
7＝せいなん
8＝ばんどお
9＝きわ（一の位の最後・際）
10＝丁（ちょう）、ヨロズ

魚のことわざ

○一匹逃げれば皆逃げる
群れをなしているアジやサバは一匹逃げると皆一緒に逃げてしまうこと。

Conger eel

穴《あな》(5)子《ご》(3)

（篆文）

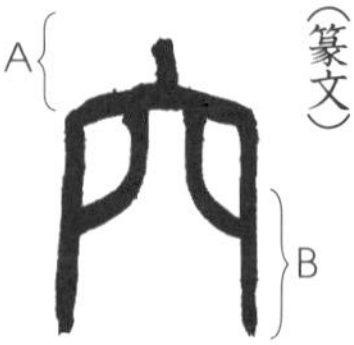

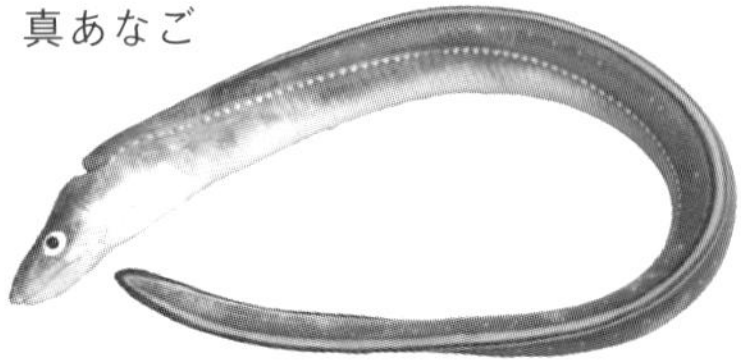

●**別字**　海鰻　鱺　●**旬**は夏。

●**地域によっての呼び名・種類**

ハカリメ（神奈川）　トヘイ（千葉）　メジロ（伊勢）

穴の文字は、「宀」と「八」の組み合わせによって出来た文字です。

「穴」の文字を篆文で書くと上記となります。

穴の字源は、A部分が、穴室のひさしです。B部分は、入り口を表します。穴の文字は、土室の入口の象形文字です。子には細い・小さいなどの意味があります。穴子は、穴場などで棲む生きものであることから「穴子」と表記されます。

アナゴの語源には諸説あります。

○岩と岩の間の穴場や砂の中などに棲む夜行性の魚であり、「穴ごもり」から「穴子」となった説。

○「なご」の語根がうなぎの「なぎ」と共通し、水中に棲む長い生き物「nag」の音で表したと考えられた説。

○「nag」の音に関連する説では、「長魚（ながうお）」が転訛したとする説などさまざまあります。

あなごの日があり、七(な)、五(ご)が穴子の「なご」という語呂合わせから、七月五日だそうです。

普通は穴子といえば、「真あなご」をさします。全国の内湾の砂泥地に生息しています。かつては東京湾と瀬戸内海産のものが良いとされていましたが、漁獲量が減り、現在は韓国産が多く輸入されています。稚魚を「のれそれ」と呼びます。

●料理

白焼き、たれ焼き、煮物、すし種、天ぷらなどの食べ方があります。

身に弾力があり、透明でぬめり感のあるものが良く、身の所々の色が変わっているものは鮮度が落ちています。鰻と同じく血液中に弱いたんぱく毒を含みます。

すし屋の隠語

○つめ
穴子を煮た汁を煮つめて作った甘いたれのことで、穴子やしゃこなどに塗るものをいいます。
○はかりめ=穴子のことです。身体の模様が、重さを計算する棒秤(ぼうはかり)の目のように見えることから呼ばれています。

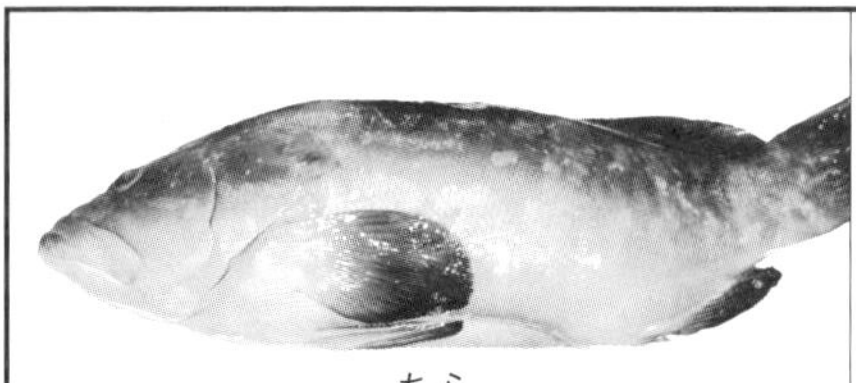
あら

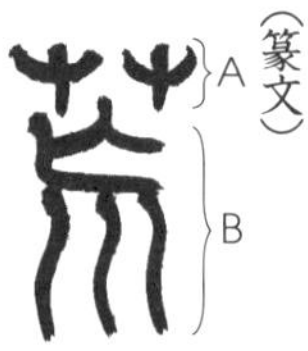

Saw-edged perch

𩺊

あら(クエ)

(20)

●**別字**　九絵　垢穢　●**旬**は冬。

●**地域によっての呼び名・種類**　モロコモロコ(関東)　クエ(西日本)　マス(愛知)　スエマス(三重)　アオナ(四国)

𩺊の文字は、「魚」と「荒」の組み合わせによって出来た文字です。

「荒」の文字を篆文で書くと上記となります。

荒の字源は、A部分が、草です。B部分は、残骨になお頭髪が残っている死者を表します。荒の文字は、雑草に覆われうっそうとした草間に棄てられて、姿が見えない荒地などを示しています。

𩺊は、深海の岩礁部に棲み、なかなか獲れにくく隠れて見ることが出来ないところから「荒」の字が付けられたものです。漁師や釣り人が言うにはなかなかしぶとい魚で、性質が荒いから「あら」の文字を付け「あら」と呼ばれています。

大きな口でエビ・カニ・イカなどを食べます。体長は1~2mにも達し150kgほどにもなる大型魚で、背は灰褐色を帯び、えらぶたに鋭い棘《とげ》があります。鼻先が尖っていてキツネの顔に似ていることから、釣り人の間では「キツネ」と呼ばれることもあります。

九州で獲れる「くえ」の別名といわれますが、全く別品種です。
天然のクエは幻といわれ、珍しく高級魚です。クエは生まれた時は全てメスです。メスが繁殖を繰り返しながら成長し、生き抜いた1匹が性転換してオスになるという特異な生態をもっています。

クエの語源には諸説あります。

○餌をなかなか「食えん(クエン)」から「クエ」の説。

○クエを釣るのに苦労する魚であることから、めったに食べられない貴重な魚から「食えん(クエン)」とする説。

クエの別表記の漢字に「九絵」とありますが、これは、九つの絵が描かれているように見えることに由来します。また、「垢穢」は、クエの色が黒く、垢がたまっていて穢《けがれ》汚れるという意味の「垢穢」に由来しています。

クエは獲物を捕らえるのが苦手といわれます。自分の巣の近くを通る魚を狙うということで捕食します。クエは大きな身体のわりには、小心者で動きもゆるやかで、のんびりとしている性格であることから、クエがエサを食べるのは1週間に1回ほどといわれます。

西日本では「クエ」と呼ばれ、福岡では「アラ」と呼ばれています。アラは高級な白身魚で、脂がのっているにも拘《かかわ》らず、淡泊な味わいがあります。冬に旬を迎えます。むかしから大相撲九州場所(11月)で、力士たちが楽しみにしている魚です。

日本各地にいますが、主に南日本に多く、水深１００ｍほどのやや深海の岩礁域に棲んでいます。漁獲量が少なく、高級魚とされています。全長が１ｍほどになる大型魚で突き出した下あごと尖って長い頭部が特徴です。

●料理

刺身、揚げ物、焼き物、煮物、鍋などの食べ方があります。しかし、獲って直ぐではなく、２～３日おいたほうが舌触りがよくなり、旨みを増します。

魚のことわざ

○アラを探す

魚を三枚に下ろすと、頭と骨が残りますがこれがアラです。このアラの間に付いているわずかな魚肉をほじくって食べることを転じて、他人の欠点やわずかなミスを見つけ出してケチをつけることを意味します。

箸にについて

箸《ハシ》　食事に欠かせない道具に箸があります。日本の箸の歴史は、1300年前から存在していて、日本最古の『古事記』にも記録があります。古くはピンセットに似たもので、一片の薄い細長い木棒を折り曲げたものが日本最古の箸といわれています。

箸の語源は、鳥が挟む口《くち》ばし「嘴」とか、はし渡しの「橋」からとか、諸説あります。また、NPO法人国際箸文化協会では、大和言葉の「ハ」＝物と物の両端、「シ」＝物をつなぎ止める、固定するなどの意味とし、この二つの言葉を組み合わせているという説が紹介されています。いずれにせよ、結びつける橋のように、食べ物と人間の間をつなぐ道具です。

日本の伝統行事にも箸は登場します。お食い初め（赤ちゃんが生まれて100日目に行い、子供が一生食に困らないようにと祈りを込めた行事）には柳の箸。＝家内喜（ヤナギ）とも書きおめでたいとされます。月見の儀には萩の箸（赤茶の長い箸）などあります。

料理の取り分けには、青々としものを水にぬらした青竹箸が使われます。正月や婚礼などのおめでたい宴席などでは「祝い箸」が使用されます。「祝い箸」にはいくつかの特徴があります。

㈠両端が細くなっている。両細箸または利休箸ともいいます。
㈡「分かつ」行為をせず使えるように繋がっていない。
㈢「折れる」ことが縁起が悪いとされ、丈夫で折れにくい柳が多く用いられる。

※箸使いには「忌み箸」「嫌い箸」ともいって、食事のマナーとして行ってはいけない使い方がありますので、注意してください。

Ayu;Sweetfish

鮎《あゆ》

(16)

（篆文）

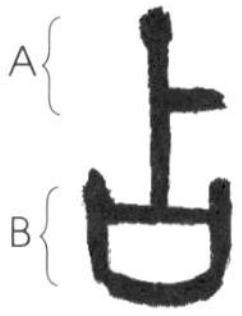

●**別字**　年魚　香魚

●**旬**は初夏から秋まで。

●**地域によっての呼び名・種類**　シロイオ（熊本）　アイオ（広島）　アア（岡山）
アイ・アイノヨ（秋田）　アイノイオ（岐阜）　アイナゴ（石川・和歌山）

鮎の文字は、「魚」と「占」の組み合わせによって出来た文字です。「占」の文字を篆文で書くと上記となります。

占の字源は、A部分が、亀甲獣骨による卜《うらな》いの際の卜兆（ひび割れ）の形です。B部分は、祝祷《しゅくとう》を収める器を示しています。占の文字は、神に祈り、神意を問うことを表しています。

神功皇后が天皇の戦勝を占ったときアユが釣れたと『日本書紀』に記録されたことから「占いに使った魚」であることから「占」の文字が付けられています。鮎の文字は、平城宮書簡（八世紀）にも記録があります。

全長20㎝ほどです。代表的な川魚で姿形が美しいところから高級日本料理店の食材としてよく使われています。背面はオリーブ色で腹面は白色、えらの後方に黄色の斑紋があります。川底の石につく藻類を餌とすることから、独特の香りがあります。

アユの語源には諸説あります。

○貝原益軒の著した『日本釈名』には「アユル也、アユルとは、おつる也、ふつきことば也、春はのぼり、秋は川上より下（おつるもの也）」とあり「こぼれ落ちる」「滴り落ちる」オチアユ説。
○新井白石が著した『東雅《とうが》』では「アユとは、小（ア）也、白（ユ）也。その形小にして色白きを意たしなるべし」とあり、形が小さいとする説などさまざまあります。
鮎の文字は、国字です。中国では「ナマズ」と読みます。日本では「鯰＝なまず」で表記されます。
※アユは神前にお供えする魚であるということから「饗（あえ）」、酒食を出して客にご馳走する意に用いられています。
川魚の代表的な魚。一年で一生を終えることから「年魚」、また身に独特の香りがあることから「香魚」とも呼ばれます。天然、半天然、養殖があり、琵琶湖の鮎は成魚になってもあまり大きくなりません。縄張り意識が強く、この習性を利用して友釣りをします。

●料理

代表的なのが踊り串を打っての塩焼きです。他にも天ぷら、フライ、煮物、煮浸し、寿司、干物などの食べ方があります。鮎には蓼の葉がつき物で、塩焼きには蓼酢をつけて出されることが多いです。

若鮎は活け鮎を用いて背越や洗いにします。秋に下流する「落ち鮎」は煮つけ、甘露煮にします。

内臓を塩漬けしたものを「うるか」といい、内臓全てを塩辛にしたものを「苦うるか」、真子を用いたものを「子うるか」、精巣（白子）を用いたものを「白うるか」といいます。

Abalone

鮑《あわび》

(16)

（篆文）

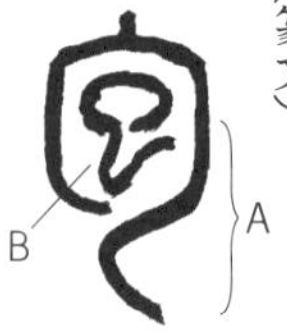

●**別字**　蚫　蝮　鰒　石決明　阿波美　阿波比　●**旬**は夏から秋。

●**地域によっての呼び名・種類**

クロアワビ　オガイ　オンガイ　メガイアワビ（別称）　メンガイ（別称）

鮑の文字は、「魚」と「包」の組み合わせによって出来た文字です。

「包」の文字を篆文で書くと上記となります。

包の字源は、A部分は、身体をかがめている人間の側身形です。B部分は、母親の胎内にいる赤ちゃんの形です。包の文字は、胎児がお母さんの子宮の中に包まれている様子を表したものです。鮑が卵楕円形の殻に覆われて岩に付着して生息する姿は、身が包まれているように丸く見えるところから「包」の文字が付けられています。

アワビの語源は、貝原益軒が著した『日本釈名』に「殻の口が大きく二枚貝の片側だけの貝に見える。殻が合わないものなので（アハビ）という」とか、古い書籍に「合（逢《あ》）わぬ身（実）（アワヌミ）」が転訛したとする説などさまざまあります。

漢字では、阿波美、阿波比、石決明、蝮、蚫などあります。『日本書紀』などには「蝮」、中世からは「蚫」、明治以降は「鮑」が主として使われています。

『延喜式』(延長五年〈927〉)には、神饌(神への供物)としてアワビが用いられていることが記述されています。これらは長鰒・打鰒・薄鰒といった干鰒の形で貢進されていたようです。鰒の肉を薄く剥《む》いて乾燥させた熨斗(のし)は、日本では慶事のシンボルとして用いられますが、現在では、色紙などでアワビの色に似た黄色っぽいものを、アワビ熨斗の代用として使われています。

鮑の漢字は中国では、食品名です。魚のはらわたを取って塩漬けしたものを鮑といいます。その臭いがあまりにもひどいため、秦の始皇帝が旅先の砂丘で死ぬと、慌てた家臣たちは始皇帝の死亡を隠すために、一石の鮑魚《こくほうぎょ》を車に積み込んで、遺体の悪臭をごまかしたという記録が『史記』秦始皇本紀《しんしこうほんぎ》にあります。

またむかしは、漢方薬にもアワビが使われていました。薬名を石決明といい、「清肝明目《せいかんめいもく》」(肝機能を改善し、同時に目の機能を高める)とされていましたが、現在は用いられていません。

●料理

ワタの色で雄雌を見分けることができ、雄は白、雌は緑とされています。

「黒あわび」、「めがいあわび」、「まだかあわび」の3種類に分類されます。「えぞあわび」は「黒あわび」の北方型です。

「黒あわび」と「えぞあわび」は身が締まって硬く、造り（水貝）などの生食にむき、「めがいあわび」と「まだかあわび」は身が柔らかく蒸し物、煮物にむいています。「鮑の煮貝」は山梨の名産品で戦国時代から今に伝わります。

殻つきのまま焼き、醤油をたらして食べたり、バターソテーや若布《わかめ》を殻ごと巻いて磯の香りを強くふっくら焼くこともあります。

アワビの鮮度のポイント

○身が大きいもの
○ヒレの小さいもの
○身が盛り上がっているもの
○貝殻の深いもの

すし屋の隠語

○片思い
あわびのことをいいます。万葉集に出てくる歌の一節に由来していると言われます。殻が二枚の片方だけのように見えることから、「片貝」の「片」と「片思い」の「片」をかけたものです。

茶懐石と会席料理について

日本料理で「かいせきりょうり」と言うと懐石料理（正式には茶懐石）と会席料理の異なる漢字がありますが、いったいどんな意味があるのでしょうか。

茶懐石を略して「懐石」といいますが、この懐石は、茶道からうまれたものです。茶事の際の食事のことを示しています。

茶道の心である「侘《わ》び」「寂《さ》び」をもって表現したもので、「懐石」は千利休によって整えられたものです。「旬の食材を使う」「素材のもち味を最大に活かす」「心配りをもっておもてなしをする」といった三大原則を掲げて創られる料理のことです。一汁三菜を基本としており、現在の日本料理のマナーにも深く密接している料理です。

懐石とは禅宗の修行僧が一時的に空腹をしのぐために懐《ふところ》に入れた温石《おんじゃく》（火で焼いた石を布で包んだもの）のことで、そこから質素で軽い食事のことを表します。

一方、会席料理を略して「会席」といいますが、この会席は、俳諧などを作る人が集まって出される料理のことです。形式にとらわれない酒宴向きの料理のことです。

会席料理の語は、喜田川守貞が約30年間書き続けて著した『守貞漫稿（三十五巻）』にその記録があります。

現在の日本料理において、料理屋で提供される料理は「会席料理」が一般的です。

Squid;Cuttlefish

鰞《いか》

(21)

(篆文)

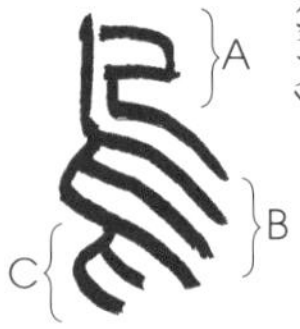

●**別字**　烏賊　鰂　烏鰂　柔魚　魷　●**旬は後に記**

●**地域によっての呼び名・種類**

アオリイカ(一般)　バショウイカ・クシイカ・ミズイカ・シロイカ

コウイカ(一般)　スミイカ・カブトイカ・ハリイカ・ヤリイカ(一般)

テッポウイカ・ササイカ・サヤナガ・シャクハチ

鰞の文字は、「魚」と「烏」の組み合わせによって出来た文字です。「烏」の文字を篆文で書くと上記となります。

烏の字源は、A部分がカラスの頭部を示します。B部分は、胴体です。C部分は、足を表します。烏の文字は、カラスが死んでいる象形とする説と、カラス全体が黒く目の部分がわからないので目の部分を略いた象形文字とする説とあります。

イカは、海の生き物なのに漢字で書くと「烏」文字が付いて、鮨屋では一般的に「烏賊」と書かれています。イカは時速50~100㎞もの速さで泳ぎ、10mも飛び跳ねることがあります。また、イカは八本の腕(足)のほかに二本の長い触腕があり、その先端には太い吸盤があって、物に吸着する働きがあります。

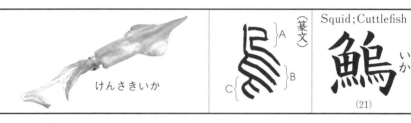

中国の古書『南越志《なんえつし》』に、真っ青な海の水面近くで白く浮かんでいるイカ(白)が死んでいるように見えるため、それをカラスが啄《つい》ばもうとするとイカは腕を伸ばして巻きつき、カラスを捕らえると言い伝えがあります。カラスにとって恐ろしい賊(危害を加える)のようなものという意味から、魚に「賊」で表記され「烏賊」で示します。

イカの語源には諸説あります。

○先の尖った槍(やり)のような「いかつい形をしているから」とする説。

○怒ったような「いかめしい形をしているから」とする説。

○「い」は白で、「か」が堅い意とする説などさまざまあります。

日本人はマグロと並んで世界の漁獲量のほぼ2分の1を消費してしまうほどイカが大好きな国民です。

●料理

烏賊には「するめいか」や「剣先いか」のように、細長くて柔らかい甲(軟骨)のある「筒いか類」と、大きくて固い甲がある「甲いか類」があります。

烏賊の身は水中では透明で、水から上げると茶褐色になり、鮮度が落ちると黄色っぽい色から乳白色になります。身に透明感と張りがあり、吸盤に吸着力があるものが良いとされています。

造り、揚げ物、煮物などにして歯触りや甘みを楽しみます。筒いか類は「いかそうめん」「するめ」「塩辛」などにして楽しみます。他にも寿司、天ぷら、蒸し物、和え物、フライ、一夜干しなど食べ方も多く、和洋中と様々な料理に使われます。

旬

スルメイカ　7～10月頃
アオリイカ　3～6月頃
　　　　　　10～12月頃
ヤリイカ　2～6月頃
モンゴウイカ　8～1月頃

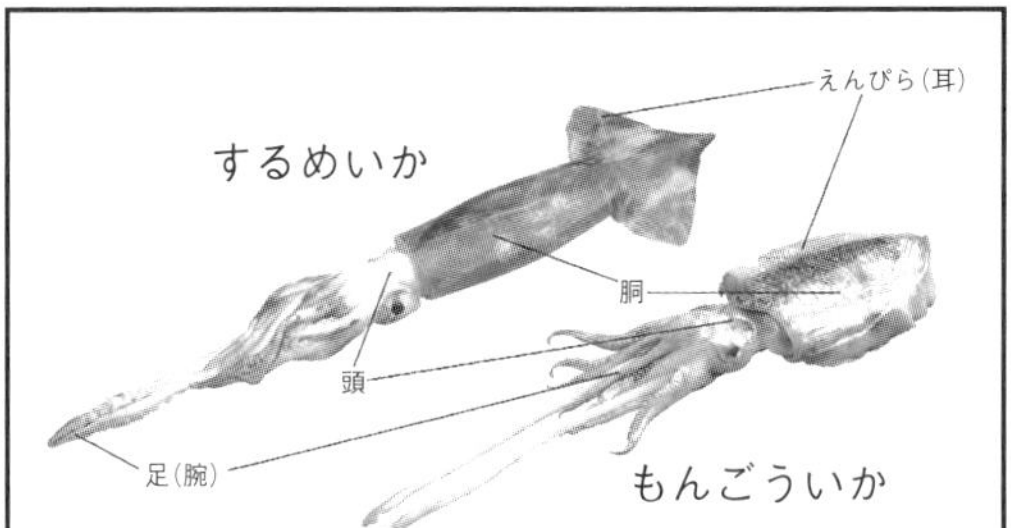

イカの鮮度のポイント

- 透き通るようなもの
- 目は黒々して艶があるもの
- 膨らみのあるもの
- 皮は赤黒く濃い色をしているもの

イカの数え方は、一匹、一杯、一本。するめは「枚」で呼ばれます。また、「杯」と数えられる理由は、胴体部分を逆さまにした時、水などを入れる器の形に似ていることからです。生きている時は「匹」です。

イカにまつわる言葉

イカにまつわる言葉の一つに、インチキを意味する「いかさま」があります。これは、イカは餌《えさ》に似せた疑似餌《ぎじえ》で釣れることに由来するものです。ヤリイカは、先が槍(やり)のようにとがっています。イカの中ではもっとも美味とされる最高品はアオリイカといわれます。ヤリイカは西日本で多く獲れ、アオリイカは、北海道南部を北限に日本近海に広く分布しています。コウイカ類は、楕円形の胴の中に硬い甲があるのが特徴です。同類のカミナリイカは最近では激減し、東京の市場でも年に数えるほどしか入荷されない貴重種となっています。

すし屋の隠語

○ゲソ

料理屋でも用いますが、イカの足のことです。下足は本来、脱いだ履物をいいます。イカの足は、胴体からすぽっと取り離されます。それが履物を脱いだようであり、また船頭の下足番が、十足一組でまとめていたことから、十本あるイカの足をこれになぞらえて「ゲソ」と呼ぶようになりました。つまり「イカがゲソ」というより、「十本足だったからゲソ」と言うようになったわけです。

Sardine

鰯《いわし》

(21)

（篆文）

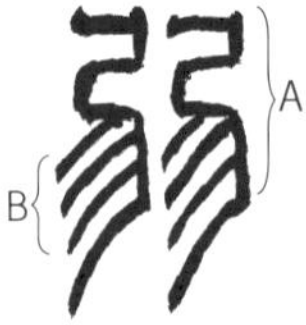

真いわし

●**別字**　鰮（鰛）

●**旬**は夏から初冬。

●**地域によっての呼び名・種類**　マイワシ（一般）　ウルメイワシ（一般）
ナナツボシ（東北）　ノドイワシ（青森）　ヒラゴ（瀬戸内海）　ドンボ（富山）
ヤマトミズン（沖縄）　ドコ（石川）　ギンムシ（高知）

鰯の文字は、「魚」と「弱」の組み合わせによって出来た文字です。「弱」の文字を篆文で書くと上記となります。

弱の字源は、A部分は、弓の形です。B部分は、弓の模様（組紐のような飾りの印）を示します。弱の文字は、儀式用の弓を二つ並べた形です。儀式用の飾りが施された弓で、実際に使うには弱いものを表します。鰯は、海から陸に上がるとすぐに傷み腐りやすく弱い魚であることから「弱」の文字が付けられています。

イワシの語源には諸説あります。

○新井白石が著した『東雅』に「イワシとは弱也。其の水を離れぬればやすく死する也」と腐りやすい弱い魚の説。

○貝原益軒は『日本釈名《にほんしゃくみょう》』に「いやしき也、魚の賤《いや》しき者也」とイヤシがイワシになったとする説などさまざまあります。

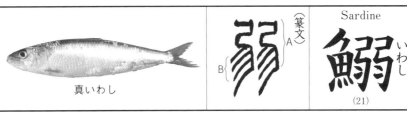

近年になって平城京出土の木簡（八世紀）が発掘されました。その木簡の中に「鰯」の文字があり、宮中の人たちも食していたことがわかりました。

イワシは泳ぎながらプランクトンを食べます。小さな魚体であり、大きく口を開いたまま泳いでいます。大きさによって、小羽、中羽、大羽と呼びます。（20㎝以上）のものを大羽イワシ、（15〜18㎝）のものを中羽イワシ、（12〜15㎝）のものを小中イワシ、（8〜12㎝）のものを小羽イワシ、（5〜8㎝）のものをヒラゴ・タックリ、（3.5〜5㎝）のものをカエリ、（3.5㎝以下）のものをシラス・マシラスと呼ばれています。

一般的に鰯というと、「真いわし」をさします。他にも「片口いわし」、「うるめいわし」などの種類があります。身が柔らかい（弱い）のが特徴で、包丁を使わずに手で開くことができ、腹骨を一緒にとることができます。体表が光っており、うろこがしっかりついているものがよいでしょう。栄養素のＥＰＡ、ＤＨＡが多く含まれ、健康食として見直されていますが、漁獲量が激減しています。

●料理

造り、塩焼き、煮物（梅、生姜）、たれ焼き、揚げ物、汁物などさまざまな食べ方があります。身をたたいてすり身にしてつみれ汁や鍋にもする。少し生臭みがあるので、生姜や葱、紫蘇などと一緒に食べることが多いです。

イワシの鮮度のポイント

イワシ全体を見て、頭が小さく見えるもの
エラが赤々と鮮やかなもの
胴体に張りがあり、黒い斑点模様がはっきりとしているもの

魚のことわざ

○鰯の頭も信心から
つまらないものでも信心次第ではそれなりの価値を生むこと。昔は節分の夜に、イワシの頭を柊《ひいらぎ》の枝に刺して門口に飾っておくと、イワシの臭気が邪鬼を追い払うといわれたことに由来する。
○イワシで精進落ち
精進明けのお祝いの席のご馳走がイワシだったのでがっかりすること。
○イワシ七度洗えばタイの味
イワシは脂肪が多く生臭い大衆魚ですが、よく洗って生臭味をおとせば、鯛並に旨い魚となる。

平凡な人間でも努力精進して磨けば能力が身につくたとえでしょう。
○イワシのたとえに鯨
小さなことを説明するのに大きな例をあげること。不適切な説明のたとえ。
○鯨と鰯
著しい違いがあること。非常にかけ離れていること。鯨と鰯は海にいるが、まるで大きさに差がある。

すし屋の隠語

○ガリ

すし店では生姜を「ガリ」と言います。

ガリは、生姜を薄切りにして熱湯に通し甘酢に漬けたものです。

ガリの語源は、噛んだ時の「ガリガリ」、包丁を入れた時の音が「ガリガリ」という音に由来するものです。古くは、大きな生姜をがりがりと噛んで食したことから、甘酢に漬けた生姜を「ガリ」と呼ぶようになったと言われています。

ガリは肴の臭みを消すため口直しになるほか、殺菌作用があるため食中毒を防いだり、辛味成分の「ジンゲロール」によって、食欲増進や生魚で冷えた体を温める効果があります。

○ガレージ

和訳すると「車庫《しゃこ》」であるところからきています。「シャコ」と言ってしまうと「タコ」と間違えてしまう可能性があることからです。

鰻《うなぎ》

Eel

(22)

●**別字**　胸黄　武奈伎　鰑　鱣　鯯　鰡　鰍　鱺

●**旬**は晩秋から初冬。

●**地域によっての呼び名・種類**

オオウナギ　アオ（東京）　スベラ（長野）　マウオ（岡山）

鰻の文字は、「魚」と「曼」の組み合わせによって出来た文字です。「曼」の文字を篆文で書くと上記となります。

曼の字源は、A部分は、頭衣でおおう形です。B部分は、細長くて美しい目を示します。C部分は、人の手です。曼の文字は、婦人の細長い目の前をベールなどで覆い、だらだらと長く垂れ下がった布（あみ）を表します。鰻は、細くて長い魚体形で、竹で編んで作った仕掛けで捕獲するところから魚に「曼」の文字が付けられています。

日本ウナギの産卵場所は、沖縄南方と南シナ海の二説があります。卵からかえったウナギの仔魚は、体が薄く透明で、柳の葉のような形をしています。沿岸に流れ着いたこの幼生は変態してシラスウナギになり、川をさかのぼってエビ・カニなどの小さい生き物を食べ成長します。その後、海へ下《くだ》り産卵します。鰻の種類は世界に約20種類ほどいるといわれています。

ウナギの語源には諸説あります。
○胸が黄色いところから胸黄(ムナギ)が(ウナギ)となった説。
○細長い体形(身長)の「身」の古い語形がムなので(ムナギ)から転訛した説。
○『万葉集』には「武奈伎(ムナギ)」とあることからの説とさまざまあります。

日本全土をはじめ、朝鮮半島、中国南部から台湾、フィリピンまで広く分布しています。産卵期は冬。「しらすうなぎ」として海で成長し、体長5㎝くらいになると稚魚が川をのぼり、4〜5年で全長50㎝〜1mほどになると海へ戻ります。

天然ものが少なく、市場に出回るのは養殖ものが多く、静岡、愛知、三重、四国、九州で養殖されています。また、台湾、中国などから輸入されています。

関東は背開き、関西は腹開きにし、土用の丑の日に多く食べられます。

●**料理**

蒲焼き、うざく、うなぎ丼、う巻き卵、八幡巻きなどの食べ方があります。

鰻は蒲焼き、うな重が良く知られますが、鰻専門店では白焼きにして蒸したものを山葵醤油で食べることもできます。肝は肝焼き、肝吸いにします。フランス料理では皮をはぎ、筒切りにしてワイン煮にされます。

ウナギを祀る神社があります。

京都（京都市東山区東大路通東入上馬町）三嶋神社は、大山祇大神《おおやまづみのおおかみ》、天津日高彦火瓊々杵尊《あまつひだかひこほのににぎのみこと》、木之花咲耶姫命《このはなさくやひめのみこと》の三神を祀り、万物の生育を司る神々であることから、安産、子宝、子授けのご利益があると信仰されています。

魚のことわざ

○鰻の寝床
入り口が狭く細長い建物や場所のこと。ウナギの体は細長く、狭い入り口の岩穴などに隠れて棲んでいることに由来します。

○鰻登り
気温や物価・地位などが急速に昇ること。

すし屋の隠語

○軍艦
しゃりを海苔で巻き、ねたを上においたすしのことです。おもに、いくら・うに・白うお・ツナマヨネーズ・カニサラダ・まぐろ中落ち・蛍イカなどで、近年では、コーンやローストビーフもあります。

○つけ場
すし屋の調理場のことです。すしを作ることや出すことを「つける」と呼ばれていたという説と、昔のすしが魚の漬け込みだったことからこう呼ばれる説とあります。

魚の焼き方

焼き物は、加熱法として最も古くからある原始的な調理法で、その種類には大きく分けて直火焼きと間接焼きがあります。

直火焼きは煮たり蒸したりするより、高温で加熱することになるので、表面が焼き固まって旨みが逃げず、適度に水分が減少して持ち味が凝縮されます。また、ほどよい焼き色がつき、香ばしい風味が得られます。魚を直火で焼く場合の火加減は「遠火の強火、炎を立てず」と言われますが、これは炭火を用いた場合の火加減のことです。

現在はガスや電気が熱源の主流ですが、いずれにせよあらかじめ焼き床（グリル）を十分に熱してから焼き始めると良いでしょう。また、魚の種類によっても火の通し加減を変え、白身魚は水分が少なく、加熱すると身がしまってくるので、九分通り火が通ったら火からはずし、余熱で仕上げます。青背の魚は身が柔らかくて水分が多く、くせも強いので十分に火を通す様にしましょう。

「たれ焼き」や『照り焼き』などのたれに漬けた魚は、最初から強火で焼くと表面だけが焦げて中に火が通らないので、中火か弱火で焼く様にしましょう。

（篆文）

Sea urchin

雲《う》丹《に》

(12)　(4)

●**別字**　海胆　海栗　雲丹

●**旬**は春から夏。産地や種類によって変わる

●**地域によっての呼び名・種類**　後に記

すし屋でのウニの漢字表記は、おもに「雲丹」と書かれています。

雲丹の「雲」の文字は「雨」と「云」の組み合わせによって出来た文字です。

「雲」の文字を篆文で書くと上記となります。

雲の字源はむかしの書籍に『水、雲より下るなり』とあります。A部分は、天(くも)から雨(雫《しずく》)が降り落ちる形を描いた象形文字です。

B部分は、竜の尾です。雲の字源は、古代、雲の中には竜がいると考えられていました。雲の流れる下に竜のまいている尾が現れている形です。雨と云でふわふわと、もこもことしたものを表します。丹には、あかい意味があります。

ウニは、もこもこして、赤黄色いところから「雲丹」で表記されています。

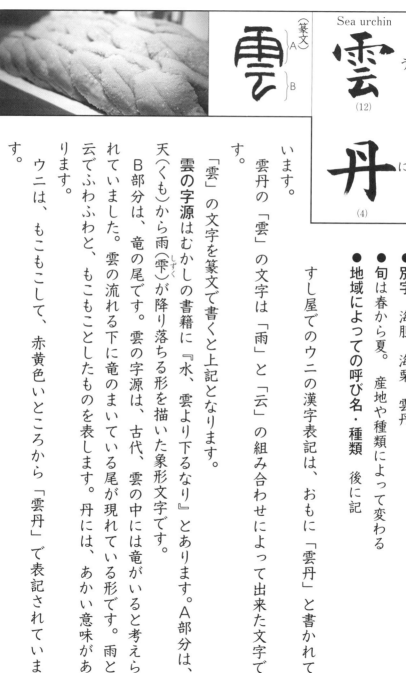

ウニはトゲを持った貝の仲間として、古い文献には「霊蠃子」や「棘甲くら」で記載されています。

ウニの語源には諸説あります。

○トゲのついている外の部分を体。食べている部分を内臓（正確には卵巣・精巣＝生殖器）と考えられていました。そこで「海（ウ）」、「胆（ニ）」と書いて呼ぶようになった説。

○木になる栗のイガに似ているところから「海栗」となり、「海（ウ）」と「栗（クリ）」が転訛して「ウニ」となった説。

○縄文・弥生時代の遺跡からウニが発見されています。当時「海（ウ）」、「丹（ニ）」と書いていました。丹は赤いものを示し、「雲（ウン）」と「丹（ニ）」を合わせて「ウニ」とする説などさまざまあります。

「海胆」の表記は『本草和名《ほんぞうわみょう》』（918）に記録があります。

海胆・海栗は、海の中や水槽の中で生きている状態のものをいい、鮮魚店で売られているウニやすし屋さんにあるものは、加工された状態であるため「雲丹」で表示されることが多いです。

磯から深海までの岩礁や砂地に分布する棘皮（きょくひ）動物です。食用にするのは岩礁に棲むもので、鋭いトゲをもち、海藻や動物の死骸を食べています。

種類は「むらさきうに」「ばふんうに」「えぞばふんうに」「きたむらさきうに」が主で、可食部は生殖巣です。近年はアメリカ、メキシコ、チリ、韓国、香港などから生食用に輸入されています。形は、球状もしくは少し扁平した饅頭状があり、「むらさきうに」系はトゲが長く、「ばふんうに」系はトゲが短いです。

●料理

生食のほか、練うに、蒸しうに、粒うになどに加工がされます。これらをご飯（丼）、寿司、麺、汁ものなどに入れます。

一般的には殻のままか、舟と呼ばれる木箱に身を取り出して並べた物が多いのですが、「海水うに」といって、身を海水を入れた容器に入れて送られるものもあります。

殻のまま丸焼きにする焼き雲丹や、和え衣としても使われます。青森の郷土料理に「いちご煮」がありますが、うにと鮑を贅沢に潮汁にしたものがあります。

ウニの鮮度のポイント

見分け方は粒の赤みの強いものが甘みがあります。形がくずれていない、こんもりとしたもので、表面にあせをかいていないものが良いです。

ウニの数え方

一般的に、ウニは一個・二個、さらには一匹・二匹という呼び方で数えられています。しかし、それとは別に一腹(ひとはら)・二腹という言葉で数えられることもあります。

木の板にウニの身が綺麗に並べられているものを業者は「板ウニ」と呼び、数え方は「サク」と呼称しています。

松・竹・梅と店でよく見かけるメニュー

日本料理であるすし屋やうなぎ屋でよく見かけるメニューに(松・竹・梅)と三段階に分かれているものがあります。これは「歳寒三友＝(松・竹・梅)」で、むかしから吉祥として慶事に用いられます。ある説では松や竹・梅には神が寄りつきやすいと言われています。また、竹よりも長寿であることから松が一番初めにあると言われます。

正月などの門松飾りにも松・竹などがあり、先祖を迎え入れる儀礼の祝を行うのもこの名残からです。

海風の強風から人々を守るために防風林が設けられたといいますが、ここにも松が用いられていて人々の暮らしと深い結びつきがあります。

Shrimp ; Prawn

鰕《えび》

(20)

（篆文）

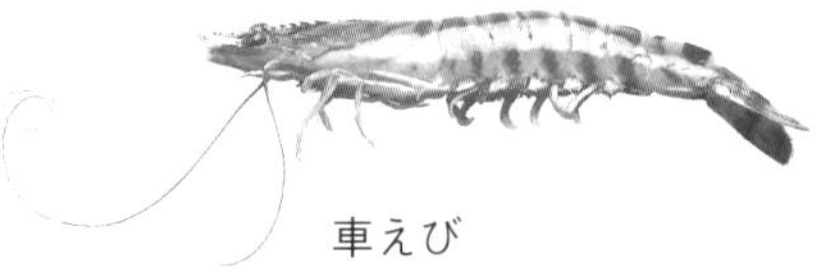

車えび
Tiger prawn

●**別字**　海老　魵　鰝　蝦　蛯

●**旬は種類によって異なりますが秋から冬です。**

●**地域によっての呼び名・種類**　車エビ　赤エビ　甘エビ　伊勢エビ　ブラックタイガー　セミエビ　シバエビ　ボタンエビ　うちわエビ

鰕の文字は、「魚」と「叚」の組み合わせによって出来た文字です。

「叚」の文字を篆文で書くと上記となります。

叚の字源は、A部分が、人の手の形です。古い書籍には「大遠なり」とか「覆い被せて隠れる」とあります。叚の文字は、原石などを手でもって隠れている玉石を取り出す、または、遠くに隠れるなどの意があります。

鰕は、甲殻を被《かぶ》っている・甲殻を覆って中身を見せないものの意から「叚」の文字が付けられています。

一般にエビの漢字表記は「蝦」とか「海老」と書かれますが、古くは蝦は蝦蟇(ガマ・ヒキガエル)に用いられた文字です。本来の字は「鰕」がエビです。

エビは、水槽で隠れるように隅を動き回ります。基本的に鰕の文字は生きているエビを表します。海老の文字は、茹でられ（人の手が加わり、料理されたもの）腰が曲がった姿のものを示します。

海老の表記は日本だけのもので、中国にはありません。平安時代の『和名抄』に記録があります。おせち料理にも登場しますが、エビを煮ると赤く(めでたい色)なり腰が曲がり、ひげを蓄えた老人に似ていることから、長寿をことほぐ意味をこめて海老という漢字表記が生まれました。のちに略され「蛯」の文字が造字されました。

江戸時代の『本朝食鑑』(1697)に「本朝古《いにしえ》より海老と称し、以て賀寿饗燕《がじゅきょうえん》の嘉殽《かこう》と為すなり。正月元日、門戸に松竹を立て(略)、蓬莱《ほうらい》盤中に煮たる紅海老を盛る、是れもまた祝寿の義なり」と書かれ、日本では祝賀のシンボルとして用いられ親しむ存在となっています。

エビの語源には諸説あります。

○新井白石が著した『東雅』に色が葡萄(エビカズラ)に似ていることに由来する説。

○国語学者の吉田金彦によると「エビ」は「餌になる尾のある生き物」を意味するとする説。

○枝のようなを意味する「エ」と「ヒゲ(鬚)」から「エビ」になったとする説などさまざまあります。

海老の種類は非常に多く「車えび」「ブラックタイガー」「伊勢えび」「大正えび(コウライエビ)」「あかざえび」「芝えび」「手長えび」「甘えび」「さくらえび」「しゃこ」などがあります。

海老というと一般的には「車えび」をさし、大きさによって「さいまき」「中まき」「まき」と呼び名が変わります。日本近海からインド洋、アフリカ東海岸まで広く分布し、主産地は大分から宮崎にかけて、有明海、東京湾から富津にかけて、浜名湖近辺です。沿岸部から水深１００ｍくらいまでのところに生息し、砂泥の中に隠れています。瀬戸内海、天草、鹿児島、沖縄で養殖されています。

●料理

刺身、すし種、椀物、煮物、焼き物、天ぷら、など様々です。

活きのよい「車えび」や「伊勢えび」は冷水で洗いにし、刺身で食します。天ぷら屋では「海老に始まり、海老で終わる」と言われるように天ぷらには欠かせない代表的なネタです。「芝えび」や「とびあらえび」をかき揚げにして、最後に天丼、天茶にしてえびを楽しみます。

「伊勢えび」は具足煮、鬼殻焼きなどの料理があります。えびは甲殻類アレルギーがあるので、注意が必要です。

すし屋の隠語

○おどり

車えび（鰕）の握りで活きたまま握ったものをいい、えびが踊るようにピクピクと活きのよいものをいいます。

伊勢えび
Spiny lobster

○車エビ

江戸時代初期から見られ、語源は縞模様が体を丸く曲げると車輪のように見えることに由来します。体長15～20㎝以上のものは「大車(おおぐるま)」、10～15㎝のものは「マキ」、それ以下は「サイマキ」といいます。「大車」は大きな車えびの意味、「マキ」や「サイマキ」は腰刀として用いられる葛藤のつるを巻いた鍔《つば》のない短刀「鞘巻(さやまき)」に由来します。

魚のことわざ

○海老で鯛を釣る

わずかな元手で大きな利益を得ること。鯛釣りの餌《えさ》にエビをよく使うことに由来します。

○海老跳ねれども川を出ず

川海老がいくら跳躍しても川から出られない。人にはそれぞれ持って生まれた天分があることのたとえ。

Stonefish

鬼《お》(10)虎《こ》(8)魚《ぜ》(11)

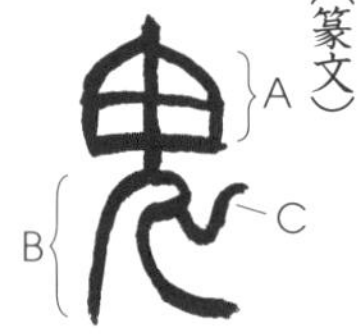

●別字　虎魚　䲢　●旬は夏。

●地域によっての呼び名・種類　オコゼ（一般）
シラオコゼ（小田原）　イオコゼ（明石）
オクシ（九州）　オコジョ（北陸）　オクジ（秋田）

鬼虎魚の「鬼」の文字は「由」と「儿」と「ム」の組み合わせによって出来た文字です。

「鬼」の文字を篆文で書くと上記となります。

鬼の字源は、A部分は、鬼の頭です。B部分は、人の側身形です。C部分は、陰気を示しています。鬼の文字は、人鬼の形を表す象形文字です。虎の体の色が黄であることから、鬼虎魚は、こわい鬼のような顔つきで、魚体が赤黄色いところから虎の字が付けられ「鬼虎魚」で表記されています。

頭がでこぼこして、顔の容貌が醜い鬼のようです。眼が飛び出て、下顎が突き出ています。オコゼには鱗がなく、生息する場所によって体色が異なるという特徴があります。浅い砂泥《さでい》に棲むものは黒褐色、深くなるほど赤味または黄味がかり、色々な斑紋が入り交じります。背ビレのトゲには毒腺があり、刺されると激痛を起こしますので注意してください。処理をする場合は、まず毒のある背びれを切り取り、そのまま捨てずに、直火で炭になるまで焼いてから処分します。

オコゼの語源には諸説あります。

○オコゼの古語を「乎古之(ヲコシ・オコジ)」というところからの説。

○見た目が悪いところから「おろか者や馬鹿＝痴《おこ》れ者を意味するオコ(痴＝愚か者)、ゼ(施＝物を施すこと)が(セ)が(ゼ)となった説。

○正式名の「鬼虎魚」で、正面から見ると醜く「鬼のような顔」をしているところからの説。

○「痴《おこ》ずく」とは刺されるとズキズキと痛むという意味からとする説などさまざまあります。

江戸時代の『本朝食鑑』に、時化(しけ)で漁が出来ない際は山の神が好物とされる、オコゼを供え、「風が穏やかに、波が静かで、釣綱の便あらめしたまえ」と祈れば時化がおさまると記されています。

姿は醜いが非常に美味な魚というのは、今も昔も変わらぬようです。

関西では「夏のふぐ」と言われ、夏場に食されます。

おこぜは種類が多く、単に「おこぜ」と呼ばれるものは「鬼おこぜ」をさします。

本州中部以南から東シナ海にかけての水深200ｍくらいまでのところに生息しています。

主に九州で漁獲され、関東では神奈川もの、関西では紀州加太のものが珍重されます。

●料理

薄造りや湯引き、鍋、椀物(すっぽん仕立)、煮つけ、から揚げなどの食べ方があります。肝や皮は霜降りして鍋物や煮こごりにもします。

身は白身で非常に淡白な味で、造り身をポン酢につけて食べます。また、油との相性がよく、姿のまま、から揚げにしたり、煮つけにしてよく食べられます。あらを味噌汁にしたり、贅沢に身をぶつ切りし、味噌仕立てやお酒を利かせた、すっぽん仕立てのお椀にしたりもします。

オコゼの鮮度のポイント

体に張りがあり、背びれ、腹びれがしっかりとしたものが鮮度が良いとされています。鮮度が落ちると、体色が白っぽくなり粘液状のものができます。

お刺身とお造り

新鮮な魚介類などの食材を生のまま切り身にし、醤油・塩・ポン酢などの調味料で味を付けて食べる日本料理を「お刺身」とか「お造り」といいます。

魚介類の切り身を生食する料理は鎌倉時代にさかのぼり、室町時代に醤油が普及し、江戸時代に入り濃口醤油が大量生産され始めたことにともない、関東を中心に庶民にも広まりました。当時の武家社会では「切り身」の「切る」という文字が縁起悪いとされ、「お刺身」と呼ばれるようになりました。

関西(特に京都)では、魚を切ることを「作る」といい「作り身」と呼ばれ、後に「造り身」と変化しました。お造りは、やがて切り身にしただけでなく、松皮造りや昆布締めなど、ひと手間かけて造ったという意味も込められるようになったといわれています。現在では、関東は「お刺身」、関西では「お造り」が多く使われているといわれています。お刺身は、関東から広まり牛や馬などの肉やこんにゃくなどの加工品も含めた新鮮な切り身全般を示します。一方のお造りは、関西から広まり、魚介類を舟をかたちどった器に盛り付けた豪華なものをいいます。

福井県「坂井市三国町(旧雄島村《おしまむら》)」は、身盛りの発祥地と語り継がれています。お造りは、魚の尾頭付きで新鮮な切り身を和舟に飾ったもので、今でも儀礼の際に用いられています。

※刺身は、何の魚か分かる様にその魚のひれを刺したことから刺身（差味）と呼ばれる様になったとも言われます。

Oyster

牡《か》蠣《き》

(7) (20)

●別字　蠇　牡蛎・蛎　●旬は夏と冬。

●地域によっての呼び名・種類

マガキ　イタボガキ　スミノエガキ　イワガキ　ハナガキ
ナガガキ　ケガキ

牡蠣《かき》の文字は、「牡」と「蠣」の組み合わせによって出来た文字です。

「牡」の文字を篆文で書くと上記となります。

牡は「オス」を意味する漢字です。カキ(牡)の「カ」という読み方は本来ありません。音は「ボ」、「モ」です。

牡の字源は、A部分が、牛の正面の姿です。B部分は、オスの性器の形です。牡の文字は、牛と男性のシンボルである性器を表す文字で(真っすぐ、強い)などの意味をもつ文字です。

牡蠣という漢字は中国から伝わったと言われています。

そもそも「蠣」という漢字だけで「カキ」を表します。「牡」が付くのは、「白い貝はオス、いつも食べる牡蠣は白いのでオス」という勘違いからだそうです。また、中国では牡蠣は全てオスと考えられていたため「牡」が付けられたと言われています。これは、牡蠣が同一個体に雌雄性が交替に現れる

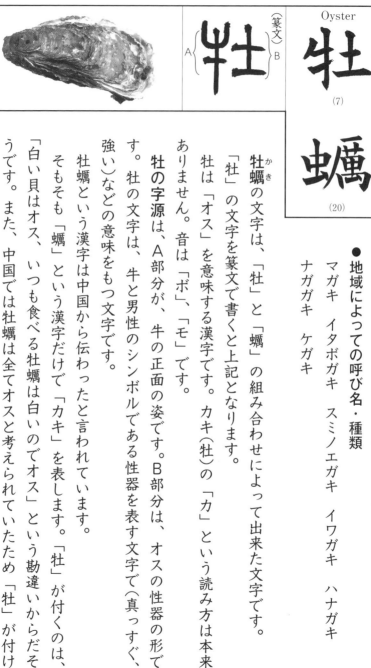

卵生か、卵胎生の雌雄同体であり、外見上の生殖腺が同じであるために、全て「オス」に見えたからといわれています。

牡蠣は紀元前一世紀にはすでにイタリアで養殖されていたという記録があり、日本でも元禄時代に広島で養殖が始まっています。

英雄ナポレオンも牡蠣を好み、領土を広げようとしたのは牡蠣を確保するためだったという説もあります。

カキの語源には諸説あります。

○岩から掻き落として収穫する方法から「カキ」となった説。
○殻を欠き砕いてとることから「かき」になった説。
○「掻貝(かきかい)」からとする説などさまざまあります。

カキの種類は多く、日本で主に食べるのは、大きく分けて「真ガキ」と「岩ガキ」です。「真がき」は日本各地に広く分布し、広島、宮城、岡山などが有名で、無菌がきの「的矢ガキ」(三重)もあります。「真ガキ」は、秋からコラーゲンが増えて旨みが増します。日本各地の外洋沿岸の深い所に生息し、茨城以南の太平洋岸や日本海の能登半島以南に多く、石川の能登、秋田の象潟《きさがた》が産地として知られます。7~8月の産卵期前に美味しくなり、解禁されます。一方、「岩ガキ」は夏ガキともいい、夏に旬を迎えます。

「花見過ぎたらカキ食うな」といい、外国では「カキはRのつかない月(5~8月)のものは食べるな」といわれます。この時期のカキは身がやせてまずく、中毒が起こりやすいので注意してください。

●料理

生ガキ、焼き物、揚げ物(天ぷら、フライ)、鍋物、炊き込みご飯などがあります。処理は大根おろしで洗い、汚れやぬめりを取ってから水洗いします。

加熱用と生食用がありますが、生食用にするために紫外線殺菌された海水や人工海水を十分に循環させ、絶食状態にしたものが流通されます。

鍋では土手鍋が有名で、鍋肌に味噌を塗り、牡蠣と野菜、豆腐などを入れて、火にかけて味噌を溶きながら食べます。

カキの鮮度のポイント

むき身を購入する場合は、身がふっくらともり上がり、丸みがあり、艶の良い物を選びます。

爪楊枝について

食事の際によく爪楊枝を使いますが、楊枝とは、歯の間に挟まった物を取るときに用いる小さな木の枝です。

日本への伝来は奈良時代、仏教と共にインドから中国・朝鮮半島を経て伝わったもので、当時は「歯木」といわれていました。

インドではニームの木(死者の霊魂から疾患の悪魔を追い払うと言い伝えられた木)を使用していました。中国にはニームの木が無かったため、楊柳(ようりゅう)の木を代替として用いていました。その楊柳の枝が、転じて「楊枝」となりました。日本では初めに僧侶に取り入れられ、平安時代に上流階級で広まり、江戸時代には「房楊枝・総楊枝」と呼ばれる楊枝が普及しました。これは楊枝の枝材の先をくだいて房のようにしていたもので庶民に広まったものです。

古きは、歯を磨く歯ブラシの代わりとして用いていたものが、今日ではくだものなど食べる時にも使用され幅広い用途となりました。

大阪府河内長野市の広栄社さんは、地場産業を復権させたいという思いから爪楊枝資料室を1990年に設置されています。

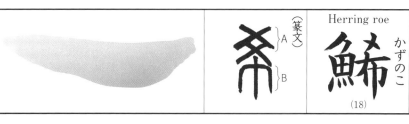

Herring roe

鯑《かずのこ》

(18)

●別字　鰊　数の子　鯡子

●地域によっての呼び名・種類　カド　黄色いダイヤ

鯑の文字は、「魚」と「希」の組み合わせによって出来た文字です。

「希」の文字を篆文で書くと上記となります。

希の字源は、A部分は、織り目が細かく(小さく)交差している織り方(すかし織り)を示しています。B部分は、麻などの巾(ぬの)を意味しています。希の字は、巾を表しますが(めずらしい・まれな・ごく小さい・ごく少ない・めったにない)などの意味があります。

一般的にはカズノコは全長15㎝ほどになり、「数の子」と書き当てられます。カズノコはニシンの卵巣《らんそう》を乾燥、または塩漬けにした食品です。魚の卵は生殖と結び付け、子孫繁栄のシンボルとして正月の祝儀膳などに用いられています。ニシンは一尾5～10万粒ほどの卵を産み、味覚はもちろんですがお節料理にはなくてはならない一品となっています。

主産地は北海道・東北地方ですが、近年はカナダやロシア、ノルウェーなどから輸入されています。国産のものは輸入のものより小粒で黄色が濃いのが特徴で、値段もはるかに高くなります。カズノコの名前がついている、醤油漬けにして安く売られているものはニシンの卵巣でないことがありますのでご注意ください。

カズノコの語源には諸説あります。

○北海道や東北地方ではニシンを「カド」と呼び、「カドの子」が「カズノコ」と転訛した説。

○親である「鰊」の古い名前が「カド」。この魚は一度にたくさんの数の卵(子)を産むことに子孫繁栄の願いをこめて、鰊の子(カドノコ)を数の子と呼んだとする説などさまざまあります。

鯑は、おせち料理の一つで、むかしからお祝いの際に食べる縁起物(数の子)で、人間の食文化の歴史の中で大切に育まれた食べものです。

塩数の子と干し数の子があります。特有の歯ごたえと潮の風味があり、北海道、オホーツク海や日本海沿岸で生産されます。一方、大西洋産の輸入品も多く出回っています。産卵期に漁獲して4日くらい経ったにしんの卵巣を塩水でよく洗ってから塩蔵したり、乾燥させたりします。食べる時には塩抜き、乾燥を戻すことが必要です。海で産卵された卵は粘着力があり、昆布に付着したものは子持ち昆布と呼ばれます。

●**料理**

適度に塩抜きをして、そのままや山葵醤油をつけて食べます。また、つけ汁に漬けて味付けしてから糸花鰹を添えたり、和え物や酢の物にする食べ方もあります。子持ちニシンとして購入した場合以外、数の子は生のまま入ることは珍しいです。塩蔵したものの処理方法は米のとぎ汁や薄い塩水につけて、適度に塩気を抜き、水分をふき取ってから、削り鰹をきかせた醤油だれに漬けるとよいです。

Skipjack;Bonito

鰹《かつお》

(23)

●**別字**　堅魚　勝魚　松魚　●**旬**は初夏の「初鰹」と秋からの「戻り鰹」。

●**地域によっての呼び名・種類**

カチュー（沖縄）　カツ（宮城・福島）　スジガツオ（和歌山・高知）
タテマダラ（鳥取）　マガツオ（長崎）　マンダラ（北陸・北海道）

鰹の文字は、「魚」と「堅」の組み合わせによって出来た文字です。
「堅」の文字を篆文で書くと上記となります。

堅の字源は、A部分は、大きくひらいた目玉（堅く見張るようす）を横から描いたものです。B部分は、人の手です。C部分は、土を盛った形を示しています。堅の文字は、人の手でこちこちに堅めて砕けにくくなった土のことを表します。

鰹は、魚の身がひき締まってかたい（干すと堅くなる）ことから「堅」の文字が付けられています。

鰹の漢字表記は『古事記』や『万葉集』にあります。

カツオの語源には諸説あります。

○江戸時代の人見必大《ひとみひつだい》が著した『本朝食鑑』に「延喜式に堅いと謂ふは、この魚、乾曝《かんばく》すれば則ち極めて堅硬なり。故に、これを名づく」と記録がありきわめて堅い魚の語源を説いています。「堅魚＝(カタウオ)」といわれて「カツオ」に転訛した説。

○戦国時代の武将(北条氏綱)が小田原の合戦を前にして船に上がってきたところ、カツオが船に飛び込んだのを、家臣たちが「戦に勝つ魚が舞い込んだ」と言って喜び、結果的に勝利をえたことから「勝魚＝(カチウオ)」が「カツオ」と転訛したとする説などさまざまあります。

カツオの北上は3月頃四国沖に、4月には紀州沖に、そして青葉の頃になると関東近海にさしかかるようです。『華実年浪草』に「大和本草に曰く、相州鎌倉あるいは小田原辺り、これを釣りて江府に送る。最もその早く出づるもの、これを初鰹と称し賞味す」とあります。

カツオの体長は90㎝以上に達します。体はやや側扁した紡錘形で、口の先端は尖り、体の背面は暗青紫色、腹面は銀白色です。腹甲と側線以外には鱗がありません。

カツオを(松魚)と表記することがありますが、これは鰹の切り口が松の木の年輪に似ていることに由来したものです。

鰹は群れをなして大洋を回遊し、日本近海では春から初夏にかけ黒潮に乗って北上し、秋には親潮にのって南下する魚です。海流が強く水温が高い水域に周年生息する瀬つき群がいます。「初かつお」はさっぱりした味で、「戻りかつお」は脂がのっています。身は暗赤色で血合いが多く、野性味あふれる香りと独特のうまみがあります。

●料理

あまり手をかけない素朴な調理法として、造りやすし種にむいています。皮目を強火で焼き、身の方をさっと炙ったり、藁を燃やして「燻し焼き」にする「鰹のたたき」が代表的で、高知県の郷土料理として大皿に盛り付けた「皿鉢(さわち)料理」が有名です。他にもムニエルや照り焼きにもします。血合いを煮たり、内臓は「酒盗」と呼ばれる塩辛にされます。

鰹の皮目を香ばしく焼き「焼き霜造り」にし、薬味をたっぷりと添えたものを「土佐造り」「いぶし造り」「たたき」と呼んだりします。「鰹のたたき」は造り身にポン酢などを塗り、皮の上に刻んだ薬味(花茗荷、青紫蘇、生姜、葱など)をのせ、包丁の腹で軽く叩き、香りをつけたものを言います。

日本料理のだし汁に欠かせない鰹節には脂の少ない若い鰹がむきます。

鰹節にも種類があり、いぶして乾かした「荒節」、さらにかびつけして干した「枯れ節」があります。荒節は風味は少ないのですが、長く加熱しても渋みがでにくいので煮物にむき、枯れ節は風味が強いので、椀物にむきます。また、それぞれに「本節」と「亀節」があり、本節にも背身で作った「雄節」と腹身で作った「雌節」があります。亀節は小型の鰹を三枚におろしたまま作ったものです。

寿司の日

1961年に全国すし商生活衛生同業組合連合会が制定しました。魚介類も旬で新米が出回る季節であることから「実りの秋・収穫の秋・米への感謝」の日として、十一月一日が「寿司の日」となりました。

都落ちした武将平維盛《たいらのこれもり》(維盛は平清盛の孫にあたり平家の総大将)である義経千本桜という歌舞伎十八番狂言の中に『鮓屋の段』という作品があります。劇中の主役である「鮓屋の弥助」は平維盛という都落ちした平家の武将でした。討伐から逃れるため、大和国(奈良)吉野郡下市村で鮓屋を生業にしていた旧臣「宅田弥左衛門」を頼ります。下市村を流れる吉野川で獲られていた「鮎」を使って鮓職人として身を隠しながら働くうちに、弥左衛門の娘お里と恋愛に発展。それから程なくして養子となり、実の名を捨て改名、「鮓屋の弥助」と名乗るようになりました。この改名した日というのが十一月一日とされています。

十一月は新米の季節ですが、すし屋ではすし米に新米は用いず、前年の古米をつかうお店が多いです。

すし屋の隠語

○陣笠《じんがさ》

しいたけのこと　椎茸

太巻きやちらし寿司に使う「しいたけ」のことをいいます。時代劇などに出てくる鉄砲隊が被《かぶ》る陣笠に似ているところから呼ばれます。

Crab

⿰魚解《かに》

(24)

ずわいがに

●別字　蟹

●旬は後に記

●地域によっての呼び名・種類

ガザミ　ワタリガニ　ケガニ　ズワイガニ(マツバガニ・エチゼンガニ)

タカアシガニ　タラバガニ　ハナサキガニ　モズクガニ

⿰魚解の文字は、「魚」と「解」の組み合わせによって出来た文字です。

「解」の文字を篆文で書くと上記となります。

日本では「かに」は「蟹」と書くのが一般的です。魚が虫に変わってつくられた字です。

解の字源は、A部分が、牛の角です。B部分は、刀で切り取ることを示します。C部分は、牛の正面形です。解の文字は、牛角に刀を加える形で、角を切り取り解体する意を表しています。⿰魚解は、甲羅が堅く、取りさばき、肉身を食べることから「解」の文字が付けられています。

古い書籍にカニの姿について「二敖(はさみ)、八足あり、旁行(横あるき)す。蛇鮮《じゃせん》の穴に非ざれば、庇《かく》る所無し」とあります。

冬の味覚の王者といえばズワイガニですね。関西では「松葉ガニ」、関東では「越前ガニ」の名で知られています。他にも紅ズワイガニや北海道産の

毛ガニも絶品です。肉量が多く、身がやわらかいのが特徴です。味噌や卵もすこぶる美味です。

タラバガニは、北洋のタラ漁場で獲れることからこの名前がつけられています。

高級缶詰にされるタラバガニは、身も大きく弾力や独特の旨み・甘みがあり贈答用としても人気があります。

カニの語源には諸説あります。

○カニの「カ」とは甲殻類の殻のことを指して、「ニ」は「丹＝赤い」の意味。この殻が赤いというのは、「殻が赤い生き物」、「煮ると赤くなる」、「背中が赤い生き物」などで、「甲羅＝カ」、「赤い＝丹（ニ）」から「カニ」となった説。

○甲羅が堅い生き物で、素早く逃げるため、「カタニゲ（堅逃）」と呼ばれ、これを略して「カニ」となったとする説などさまざまあります。

カニの数え方は、一匹、一杯、一尾、一肩（ひとかた）。稀に「枚」と呼ばれることがあります。
基本的に一匹は、生きているとき。一枚は、生きていない状態。販売する際に、片方の肩と足をまとめた状態（半身）を一肩といい、二肩で、蟹一枚と数えられます。また、胴体より切り離された爪や足のことは、一本と数えます。

旬は「がざみ」「ずわいがに」「たらばがに」が冬、毛蟹が夏です。

「がざみ」は別名「わたりがに」、「ひしがに」といい、甲羅の形がひし形で、幅が20㎝程になります。

「ずわいがに」は別名「松葉がに」「越前がに」と獲れる場所によって呼び名が変わります。雄をずわいがにと呼び、雌を「こうばこがに」と呼びます。

他にも北海道以北で獲れる「けがに」「たらばがに」「はなさきがに」などの大型のものと、「もくずがに」「ソフトシェルクラブ」「さわがに」など多くの種類があります。

●料理

生のままもしくは洗いにしての造り、ゆでたり蒸したりしての酢の物、和え物。鍋、味噌汁、天ぷら、すし種、サラダ、ご飯などと用途が広いです。

生の蟹を購入する場合は、甲羅が硬く、重いものがよく、雄雌の判断をする時は「蟹のふんどし」と言われる腹側の三角形の部分の幅が狭い方が雄、広い方が雌です。

かにと名前はついているが、「たらばがに」と「はなさきがに」はヤドカリ下目で、足の数は四対8本です。

それぞれに解禁日が設定されており、「ずわいがに」はその浜や湾によって設定され、解禁初日はお祝儀相場でかなりの高値で取引されます。

魚のことわざ

○慌てる蟹は穴に入れぬ

鳥に襲われて慌てた蟹が自分の穴に逃げ込めずに食われてしまうように、何事も慌てると失敗するというたとえ。

○蟹の念仏

カニが口から細かい泡を吹き出す音がブツブツと念仏をあげているように聞こえる。

○蟹を食うなら手をよごせ

食事には、それぞれのテーブルマナーがあるが、カニは上品ぶって食べても旨くない。

○蟹の横這い

他人には不自由に見えても本人には一番良い状態のこと。

○蟹の甲は魔《ま》除け

「蟹の甲は魔除けになる」として、門戸に掛ける風習があった。

○蟹の死ばさみ

「カニ」は一度挟んだら死んでも螯《はさみ》を開かない。転じて、執念深い。

○蟹の高這いは大雨になる

普段は低地の砂地などにいるカニが、高い所や家の中に這い上がって来るのは大雨になって低地が水浸しになる前兆といいます。

Right-eyed flounder

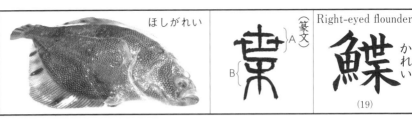

鰈《かれい》

(19)

(篆文)

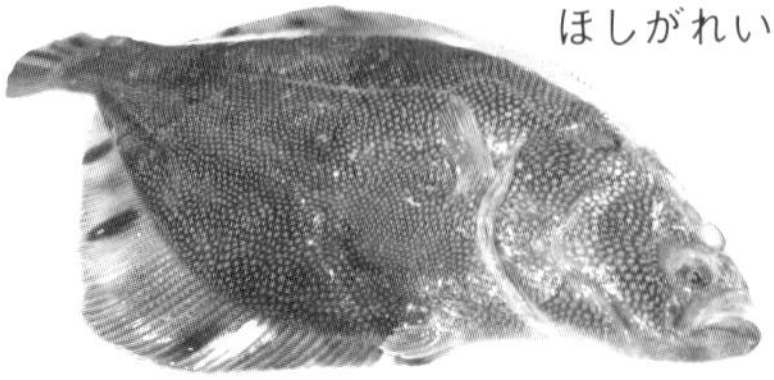

●**別字**　片割魚　比目魚　●**旬**は後に記

●**地域によっての呼び名・種類**　ホシガレイ（一般）　イシガレイ（一般）
ヤマブシガレイ・ヤイトガレイ・モンフガレイ（関西）　イシモナガレイ（別称）
ゴソカレイ（別称）　ヤナギムシガレイ　マガレイ（クチボソ）　マコガレイ

鰈の文字は、「魚」と「枼」の組み合わせによって出来た文字です。「枼」の文字を篆文で書くと上記となります。

枼の字源は、Ａ部分は、木の枝に分かれた新芽が出ている形です。Ｂ部分は、木を表しています。枼の文字は、木に新しい枝が三本伸び、葉が生えていることを表しています。枼の文字には植物の「葉＝は」のように薄くて平たい意味があり、羽の薄い「蝶＝ちょう」のように用いられています。鰈は、平べったい魚体で草木などの葉のようにヒラヒラと泳ぐことから「枼」の文字が付けられています。

平安時代の『本草和名』（９１８）では（王余魚《おうよぎょ》）と表記され、室町時代の『下学集《かがくしゅう》』（１４４４）では「鰈」とあり、江戸時代の『倭爾雅《わじが》』（１６９４）では「比目魚」をカレイと読ませ、『本草綱目啓蒙《ほんぞうこうもくけいもう》』（１８０３）では「比目魚」と表記があります。これにはカレイとヒラメの区別がされていません。

カレイの語源には諸説あります。

○成長したカレイに、片方のみに二眼ついていて、体の色も左右で色が異なることから、片割魚(カタワレイオ)が「カレイ」に変化した説。

○考証学者である狩谷棭斎《かりやえきさい》の著した『箋注倭名類聚抄《せんちゅうわみょうるいじゅしょう》』にカレイの古い語形である「唐エビ(カラエヒ)から導き、(カラ)は美称で、魚体の平たい形が(エイ)に似て、味が美味だからカラエヒ」とあります。この「唐エヒ」が転訛して「カレイ」になったとする説などさまざまあります。

旬は種類によって違い、「真ガレイ」が秋から冬。「真子ガレイ」「石ガレイ」が初夏、「やなぎむしガレイ」が春。

他にも種類があり、北海道から九州まで、世界各地の寒帯から温帯まで広く分布しています。

鮃とは反対で、腹のある方を手前にしたときに頭が右にくるのが鰈です。他にも「星がれい」や「松皮がれい」などは高級魚とされています。

●**料理**

造りで食べることが多く、歯ごたえがよく、甘みがあります。他には揚げ物や焼き物、干物などにします。

鰈は三枚にはおろしにくいので、中央の側線の上を切り込んで五枚におろします。眼の間にトゲがある「目板ガレイ」はから揚げにし、子持ちの「真ガレイ」は煮付けにすると良いです。

Filefish

鮍《かわはぎ》

(16)

（篆文）

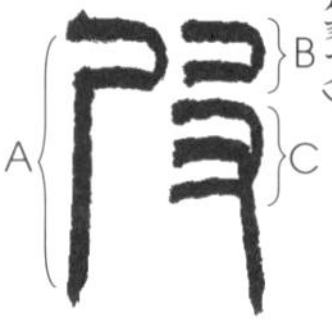

●別字　皮剝　●旬は夏、秋から冬。

●地域によっての呼び名・種類　クロハギ（広島）　ギハギ（宮城）　バクチ（静岡）　ウシヅラ（山形）　カクメンボ・アンボウ（下関）　キンチャク（浜松）　ハゲ（高知・関西）　スブタ（名古屋）

鮍の文字は、「魚」と「皮」の組み合わせによって出来た文字です。「皮」の文字を篆文で書くと上記となります。

皮の字源は、A部分は、動物などの外皮を示します。B部分は、外皮を少しつまんでいる形です。C部分は、人の手です。皮の文字は、表面を覆う堅い皮を剝ぎ取る様子を表します。

鮍は外皮が硬くて丈夫な魚です。そのため皮を剝がないと調理にとり掛かれない魚であることから「皮」が付けられています。鮍は目がクリンとしてオチョボ口《ぐち》で愛嬌のある顔立ちで「ウシヅラ」と呼ばれています。全長は最大30㎝ほどで、魚体は菱形で上下に平たい魚です。また、たいへん美味な食用魚の一つです。

カワハギの語源は、堅くて厚い皮を剝ぎとり調理することから「皮剝ぎ」と名前がつき、それが（かわはぎ）となっています。

カワハギの別名は、地域によってたくさんの呼び名があります。各地の

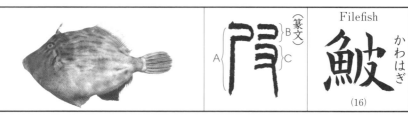

人々が愛した魚ゆえのなごりでしょう。

●料理

旬は夏と秋から冬にかけて二度目の旬があります。夏は身を楽しみ、冬は大きくなりコクのある味の肝を楽しみます。

皮が強く、微小な鱗におおわれていてざらざらしており、皮をはいでから調理します。

食べ方は、淡白な白身で弾力があり、すし種や薄造りにするほか、から揚げ、煮つけ、吸物などにします。肝は酒蒸し(ちり蒸し)で食べたり、裏漉《うらすき》してつけ醤油に混ぜたりします。「皮剥ぎ」に似ている魚で「うまづらはぎ」がいます。見分け方は、尾びれが青いのが「うまづらはぎ」です。処理方法は口先を切り落とし、そこから皮を剥ぎます。頭の背側を切り、内臓を傷つけないように切り込みを入れ、頭ごと内臓を引きちぎるとよいでしょう。

魚のことわざ

○一度は罹《かか》るカワハギ病

船釣りをする釣師には、カワハギ釣りを好む人がけっこう多いです。

カワハギは餌取り名人で、釣り人に気づかせないように餌のアサリを盗っていきますが、何とか釣り上げようと熱を上げて通いつめる釣師も多いことから「カワハギ病」と揶揄したものに由来しています。

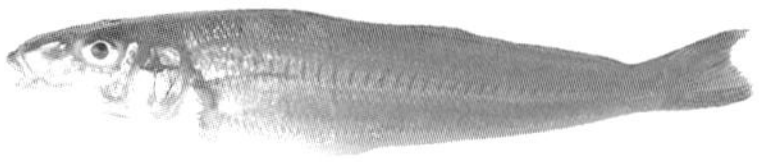 しろぎす	（篆文）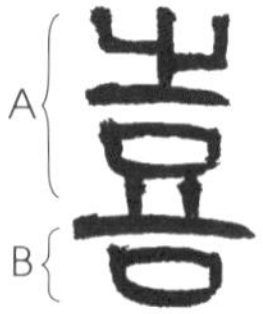	Sand borer ; Sillago 鱚《きす》 (23)

●別字　鱲　鼠頭魚　●旬は夏。

●地域によっての呼び名・種類　シロギス（正式名）

マギス・キスゴ（九州・四国・関西）　アオギス　ホシギス　モトギス

鱚の文字は、「魚」と「喜」の組み合わせによって出来た文字です。

「喜」の文字を篆文で書くと上記となります。

喜の字源は、A部分が、台の上に太鼓を高く固定し立てた形です。B部分は、祝祷を収める器の形です。喜の文字は、祭などのお祝いの際、神様にお供え物を置き、太鼓を打ちながら歌い、舞い、神に祈り、神を楽しませる行為と古代人は考えていました。鱚は、キスの「き」を表す「（喜＝よろこび）」の意味を持つ「喜」の文字を組み合わせて出来た文字です。

鱚の文字は、江戸時代以前にはなく、それ以前は「鱲」で、『運《うん》歩《ぽ》色《いろ》葉《は》集《しゅう》』（1548）に記録があります。

一般的にキスと呼ばれている魚はシロギスです。小ぶりで清楚な姿がよく、白身で淡泊な魚です。最近、オーストラリア等から輸入されているアメギスは新顔で、シロギスの代用品として出回っています。このアメギスは肌がシロギスよりあめ色がかっています。よく注意をすると見分けることができます。

シロギスの鮮度のよいものは象牙色と濃いピンク色の混じったような側線がはっきりあります。

別字の「鱺」の「麗」は鹿の角の形が左右整って綺麗な魚であることを表します。

キスの語源は、越谷吾山の表した『物類称呼《ぶつるいしょうこ》』によれば、キスは江戸（東京）の呼び名であって、関西ではキスゴ（岸子）といったとあります。海岸によく見られる魚であったことから（キスゴ）が（キス）に転訛したと考えられるとあります。

鱚は細長く円筒形で清楚な魚体です。色は銀灰色です。白身で淡泊な味であることから日本料理でも西洋料理でも幅広く食材として用いられています。

●**料理**

北海道南部から九州にかけての内湾や、岸近くの砂泥地に生息しています。単に鱚と呼ぶときは、「白ぎす」のことをさすことが多く、「海のあゆ」とも呼ばれています。出回る量は少ないですが、体が青っぽい「青ぎす」もいます。白身の味わいは上品で脂が少なく淡泊で、鮮度が落ちやすい魚です。

造り、昆布締め、酢の物、焼き物、椀物、天ぷらなどで食べます。

Whale

鯨《くじら》

(19)

（篆文）

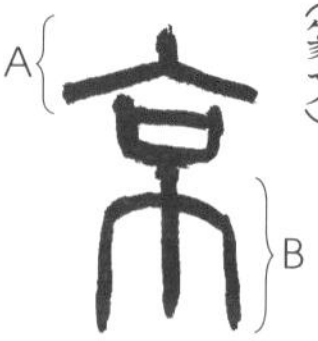

●別字　勇魚　久治良　不知魚

●旬は特になし。

鯨の文字は、「魚」と「京」の組み合わせによって出来た文字です。

「京」の文字を篆文で書くと上記となります。

京の字源は、A部分は、蓋《ふた》など上から覆いかぶさっているような家の屋根などを示します。B部分は、高いところに建つ大きな建物の出入り口を表します。京の文字は、高い丘の上に楼閣（重層の建築物）を描いた象形文字です。「京」には高くて大きい意味があります。ですから日本の貨幣単位（一・十・百・千・万・十万・百万・千万・億・兆・京《ケイ》）の中でもっとも大きい単位として使われています。

鯨は、最も大きい魚であるところから「京」の文字が付けられています。『古事記』には「久治良」とあります。「久治とは白黒を意味し、良とは得体の知れない大きな生きものをさす」と記録があります。また、『万葉集』には「鯨魚」・「不知魚」などと記され、勇魚（イサナ）と呼ばれていたようです。これは古代朝鮮語でもイサナは「大きな魚」の意味です。

クジラの語源には諸説あります。

○江戸時代の新井白石は「古語に黒色を（ク）といひ、白色を（シラ・ジラ）といひけり」と記録している説。
○クジラの体の皮膚の色が黒く、その中の肉（または腹の皮膚）の色が白色であるので「黒」と「白」をつないで、なまり「クジラ」となった説。
○クジラの口が広いので「口広」が転訛して「クジラ」となった説とさまざまな説があります。

鯨は魚類ではなく、脊椎動物門哺乳類クジラ目です。鯨の種類は多く、世界中に生息しています。その中でも日本近海の房総から三陸沖以北に生息する「つちくじら」は、江戸時代より捕鯨がされていました。小舟に乗り槍で突く古式捕鯨をしており、古くから食べられています。他にも「ナガスクジラ」「ミンククジラ」「イワシクジラ」などがあります。国際捕鯨委員会（ＩＷＣ）の対象になっているものが多いです。

●料理
刺身、揚げ物、ステーキ、はりはり鍋、おでん、汁物などで食します。鮮度がよい尾の身や赤身を刺身やステーキ、焼物にします。他にも昔、学校給食で思い出のある竜田揚げや、鯨ベーコン、皮目をおでんに入れる「ころ」などがあります。

すし屋の隠語

○キズ

カンピョウのこと。京都の木津が産地として有名であったことから。

○ギョク

玉子焼きのことです。たまごの漢字の玉の音読みからあてられたものです。

○てんち

材料の頭と尾の部分。

○かっぱ

きゅうりのことで、きゅうりの切り口《くち》がかっぱの頭の皿に似ている、かっぱの好物といわれるところから。

魚のことわざ

○一匹の鯨に七浦賑わう

一匹の鯨は七つの集落を潤す。大きい獲物は利益を受ける人も多い。

○鯨飲馬食

多量の飲食を一度にすること。鯨が水を飲むように酒を飲み、馬が餌を食べるようにたくさん食物を食べる。

味噌汁のだし汁、味噌の使い分け

だし汁の種類として最も良く使われるのが、昆布と削り鰹でとったいわゆる一番だしです。材料のうま味だけを短時間で引きだし、最高の風味と上品なうま味を持つだし汁で、椀物、かけだしなどに使います。一番だしをとった後の昆布と削り鰹を鍋にもう一度入れ、時間をかけてじっくり煮だし、新たに削り鰹を加えて引いただし汁を二番だしといい、味噌汁を作る場合には、このだし汁で十分であり、経済的でもあります。但し、赤だしは鰹の風味のきいた一番だし、白味噌は昆布のきいた一番だしや二番だしが良いとされます。

他にも煮干し(だしじゃこ)を「水だし法」または「煮だし法」で引いただし汁や、あご(飛魚)のだし汁を使ったりします。他にも昆布、大豆、干し椎茸などの乾物類、あるいは生野菜を使ってだし汁を取ったりします。

味噌もさまざまな種類があり、料理屋では赤だし味噌と白味噌が多く使われます。この二つを合わせた合わせ味噌もあり、夏は赤味噌、冬は白味噌、季節や食材によりこの味噌の割合を変えて混ぜ合わせて、合わせ味噌仕立てにします。

他にも日本各地で作られる麦味噌の総称である田舎味噌や、辛味の強い米味噌の信州味噌や仙台味噌、越後味噌なども多く使われます。

Carp

鯉《こい》

(18)

（篆文）

A

B

●旬は後に記。

●**地域によっての呼び名・種類**　六六魚（六々魚《りくりくぎょ》）　アカクチ（久留米）　クイコ（沖縄）　サラサ（長野）　ナメイ（筑後川）

鯉の文字は、「魚」と「里」の組み合わせによって出来た文字です。

「里」の文字を篆文で書くと上記となります。

里の字源は、A部分が、田を示します。B部分は、土を高く盛った形で土地神を祀《まつ》る社を表しています。里の文字は、里社を祀り縦・横と道路を通し、はっきりと整備された村里の地域を意味します。

鯉は、田舎の里川に生息する淡水魚です。「里」には「ウロコ」や「筋」の意があり、コイはウロコが発達して筋目がはっきり見える魚であるところから「里」の文字が付けられています。

鯉は、古代から淡水の王といわれ何か神秘的な力があるとされ故事にも多く登場する淡水魚です。日本ではむかしから鯉はめでたい魚で、伝統的な吉祥図に鯉が描かれています。吉祥とはめでたいこと、「縁起物」という意味です。また中国では「龍門の鯉」という語があります。「黄河の鯉が100年を経ると龍門という厳しい流れを遡り龍となる（登竜門）」という伝説があります。これは立身出世の意味です。

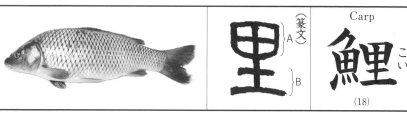

コイの語源には諸説あります。

○その昔、景行《けいこう》天皇がある美女を見初めて求婚したところ、彼女は恥じらって身を隠してしまったため天皇は池に美しくて珍しいコイを放して彼女の関心を引き、見に来た彼女とやっと情が通じたという伝説から「コイ」と呼ぶようになったといわれています。鯉が結んだ「コイ=恋」というロマンチックな話からの説。

○鯉の身が肥えているから「肥・コエ」が「コイ」に転訛した説。

○鯉の味が他の魚より良いことから「越・コエ」が「コイ」に変化した説。

○鯉の味が他の魚より良いことから「恋い焦がれてコイ」とする説などさまざまあります。

鯉の別名は六六魚とか六六鱗《うろこ》といいますが、側線に沿った鱗の数が魚の大小にかかわらず、36枚(6×6)が多かったことによるものです。また、孔子の子息の名は鯉、字《あざな》を伯魚《はくぎょ》といいます。これは魯の昭公から祝いとして鯉を賜りて名付けられたといい伝えられています。

●料理

旬は晩秋から冬。厳冬期に脂がのって美味しくなり、「寒ごい」と呼ばれます。

しかし、皐月(5月)の、「端午の節句」に用いることが多く、中国の伝説、「登龍門」(鯉が龍門の滝を越えると龍と化す)と言うことにちなみます。

活けの魚は一般的に、神経と血管を切り、血抜きするが、鯉は包丁の峰で眉を叩いて気絶させ、その間にさばきます。

食べ方は「あらい」にして辛子酢味噌をつけての造り、筒切りにして長時間味噌で煮る「こいこく」が有名です。他にも「甘露煮」「うろこのから揚げ」などがあります。

食用には主にマゴイを改良した大和ゴイが主流です。清水に放して腹の中のものを吐出させた後、必ず活きたものを締めて使います。上がると直ぐに生臭くなり、死んだコイはタダでも買い手がつかないといわれるほどで、また料理をする時には「ニガ玉(胆のう)」をつぶさないようにします。

魚のことわざ

○俎《まないた》板の鯉

相手の意のままになるより仕方ない状態のこと。まな板に乗せられた魚のように、自分の力ではどうすることもできず、ただ調理されるのを待っている他ない状態に由来します。

○浅みに鯉

浅瀬の鯉は簡単に捕まえられることから、思いがけない幸運をつかむことに由来します。

○江戸っ子は五月の鯉(コイ)の吹流し

江戸っ子は、口は荒いが腹の中はサッパリしていて含むところがないというイキナ男気。

○及ばぬ鯉の滝登り

鯉と恋をかけた洒落言葉。叶うはずのない高望みの恋心。

○鯉が踊れば泥鰌も踊る

身のほどを忘れて他人の真似をすること。度が過ぎると「鵜の真似をする鴉（からす）水に溺れる」。

魚の保存

魚は鮮度の良いうちに全て使い切り、食べるのが良いが、どうしても食べきれない、また大きな魚で使いきれない場合は保存をすることになります。その場合の処理法としては、まず水洗いといって、うろこ、内臓、えら、場合によって頭やひれなどを除き、きれいに水で洗い、水気をふき取るまでの下処理をします。魚は内臓をつけたままにしておくと鮮度が早く落ちます。

水洗いした魚は水分をよく拭きとり腹に乾いた布巾を詰め、布巾や紙・薄板（杉を紙のように薄く削ったもの）を巻きつけ、ビニール袋に入れたり、ラップフィルムで包み、空気に触れないようにして冷蔵保存します。また、布巾などを途中で変えることで、鮮度を保つことが出来ます。また、冷蔵する温度も5度位が良いとされます。

卸した身の場合も同じですが、他には塩をふり、身をしめて余分な水分と臭みを除いたり、醤油や味噌のたれに漬けたり、酢じめ、昆布じめなどにして保存することもあります。

保存期間も、水分が多い青背の魚は短く、出来るだけ早めに食べるか、塩漬け、酢じめにします。白身魚や赤身は保存することで旨みが増す場合もあります。最近は熟成肉と同じ様にあえて魚を熟成させることもあります。

Flathead

鯒《こち》

(18)

●別字　魪　魚伏　牛尾魚　**●旬**は後に記。

●地域によっての呼び名・種類

ガラゴチ（瀬戸内）　ゼニゴチ（長崎）　ヨゴチ（富山）　ムギメ（四国）

鯒の文字は、「魚」と「甬」の組み合わせによって出来た文字です。生き生きと海や川を泳ぐ魚を描いた象形文字です。

「甬」の文字を篆文で書くと上記となります。

甬の字源は、A部分は、竹や木などを示します。B部分は、穴などをあける道具の形です。「甬」の文字は、ものなどを道具を使って突き通す・突き抜くことを表します。

鯒は、敵（サメ・エイ・ハモなど）に遭遇すると、飛び跳ねるように突き抜けて逃げます。このことから「甬」が付けられています。

またコチは「牛尾魚」とも書きます。これは篇平で細長く筒型で牛の尾のような形をしているところから当てられたものです。

コチの語源には、「昔の公家などの正装した際に手に持つ細長い『手板』を『笏《こつ》』といい、今も神官が儀式の際に用いていますが、魚形が『笏《しゃく》』に似ているところから訛ってついた」とあります。

「コチの頭は嫁に食わせよ」といった諺があります。コチの頭には身が少ないことから、姑の嫁いびりと勘違いされがちですが、コラーゲンが豊富な身肉が頬に付いていて、美味しいものは独り占めしないで、可愛い嫁にも食べさせなさいの意味です。茄子にも「秋茄子は嫁に食わすな」ということわざがありますが、これも姑の意地悪でなく、茄子を食べると身体が冷えるので嫁をいたわることばといわれています。

●料理

旬は夏から仲秋といわれていますが、年中美味しい旬知らずの魚とされ、その中でも7～8月が一番脂がのり、美味しいとされます。頭が大きくて平たく、また身が細いため大名おろしにします。骨に身が残りやすいので骨も料理に使います。漁獲量が少なく高級魚で、あまり一般的な魚ではありません。地域によって呼び名が変わります。別名「てっさなみ」とも言われ、河豚《ふぐ》の旬が終わった後に、その代わりとして造り、天ぷら、ちり鍋などで食べられ、ちり蒸しとして良く食べられます。

魚のことわざ

○鯒《こち》の行列

何尾ものコチが一、二列縦隊になって行儀よく並び泳ぐさまをいいます。勝手気ままな「水母（クラゲ）」の行列とは対照的。

○鯒の頭には姑の知らぬ身がある

一見骨ばかりのコチの頭でも、量は少ないけど美味しい身があり、特に頬の肉は特別の美味。人が捨てるような物にも、よく探せば価値のあるものが見つかるとのたとえ。

鰶《このしろ》

(22)

Gizzard shad

●別字　鮗　鯯　鱅

●旬は秋から冬にかけて。

●地域によっての呼び名・種類

コハダ・シンコ・ジャコ（関東）　ヨナ（浜松）　ベットウ・マベラ（石川）
マズナシ（大阪）　ツナシ（近畿）　ハツコ（広島）　アシチン（沖縄）

鰶の文字は、「魚」と「祭」の組み合わせによって出来た文字です。

「祭」の文字を篆文で書くと上記となります。

祭の字源は、A部分が、古代の祭りではかかせない生贄《いけにえ》の肉を示します。B部分はお供えをする人の手です。C部分は、神前の足のついた祭卓・壇を描いたものです。祭の文字は、生贄の肉や野菜を手で祭卓にお供えし神に感謝する神事や先祖に祈る儀礼儀式のことをいいます。

日本では、神前などにお供えの品を置き、神輿をかついで人々が集い神や先祖を敬う儀礼の祭が各地で行われます。

コノシロの文字は、平安時代の『和名抄』にも登場しています。また、江戸時代の人《ひと》見《み》必大《ひつだい》が著した『本朝食鑑』に鰶は、狐の大好物の魚で、狐の神であるお稲荷さんに鰶をお供えして祭る習慣があったと記録があります。日本においてむかしから古い信仰があったため「祭」の文字が付けられたとあります。

コノシロの語源は、はっきりしていませんが、お祝い事にも使用されていました。ただ、武家社会では、「このしろ(此の城)を食べる」ということに通じるので嫌われ、武士が切腹する前に用いる風習があったといいます。このことから(このしろ)の語源があるともいわれます。

江戸前鮨では「小肌(こはだ)」で呼ばれる出世魚です。全長が4㎝以下を「シンコ(新子)」、10㎝前後のものを「コハダ」、20㎝前後の魚を「コノシロ」といいます。

鮗の文字は、コノシロが冬に獲れ美味であることからです。鰶の文字は、『日本書紀』に「鰶魚」と記されコノシロと読まれ古くからある文字です。

鱅の文字は、コノシロを焼くと死体を焼いたような臭いがすることに由来するといわれています。

※「鰶=(さんま)」は、「サイラ」に由来するといわれます。南房総地方の網元に伝わる文書には「鰶(さんま)」の記録があります。大正時代には「鰶」と「秋刀魚」の両方が使われ、昭和に入ると秋刀魚が一般的になりました。「秋刀魚」は、魚体が刀状で秋の代表的な魚であることから当てられた字です。

●料理
西日本の内湾と朝鮮半島沿岸でよく獲れ、3〜6月に産卵し、1年で成熟します。初秋から「しんこ」、晩秋から冬にかけて「こはだ」が出回ります。各地から入荷があるため、通年「こはだ」が手に入ります。
食べ方は、酢締めにして、造り、握りが一般的です。コノシロまで大きくなると、味は大味になり小骨も太くなるので、骨切りや細切り、そぎ切りにして食べます。焼くと独特の臭いがするので好まれません。10㎝前後のこはだは「光り物の王様」とも言われ、以前は江戸前寿司のお店では大きく成長したコノシロを使うお店は二流店とも言われました。

すし屋の隠語
○にげ物
原価の安いネタ。
○なみだ
わさびのことをいいます。ききすぎると涙が出てくるということからきています。
○煮きり
醤油に油などを加えて煮きり、醤油の臭みを消したもの。
○むらさき
お醤油のこと。醤油の色からきたものです。

恵方巻きについて

恵方巻きの起源・発祥には諸説あります。1990年当時、大阪海苔問屋協同組合の事務局長であった藤森秀夫氏から岩崎竹彦氏が聞き取りで得られたものを紹介します。

①幕末から明治時代初めに、大阪(船場)で商売繁盛、無病息災、家内円満を願ったのが始まりで、一説には若い女性が好きな人と一緒になりたいという願望から広く普及したとする説

②船場の色街で女性が階段の中段に立って、丸かじりして願い事をしたらかなったという説

③節分のころは新しい香の物が漬かる時期で、江戸時代中期、香の物入りの巻き寿司を切らずに丸のまま恵方を向いて食べて縁起をかついだ、これが、やがて節分に恵方を向いて、巻き寿司を丸かぶりすると、その年の福がさずかるという招福の習わしになった説

④船場の旦那衆が節分の日に、遊女に巻き寿司を丸かぶりさせて、お大尽《だいじん》遊びをしていたことに端を発するという説

⑤戦国時代の武将(堀尾吉晴といわれる)が節分の日に丸かぶりして出陣した説

恵方巻きの具材の種類は商売繁盛や無病息災を願って七福神に因んだもので、七種類(かんぴょう、きゅうり、椎茸、厚焼玉子、だし巻き、鰻、三ツ葉、でんぶ、高野豆腐等)の具を入れて巻いたとされています。近年では、鰻・海老・ホタテ・イクラなどの高級食材も使われるようになっています。

Salmon

鮭《さけ》

(17)

（篆文）

●**別字**　鮏　●**旬**は秋。

●**地域によっての呼び名・種類**　ベニザケ（一般）　シャケ（東京）

アキアジ↓トキシラズ（北海道）　アキアジ↓アキザケ（東北）

鮭の文字は、「魚」と「圭」の組み合わせによって出来た文字です。「圭」の文字を篆文で書くと上記となります。

圭の字源は、圭《ケイ》玉の形です。むかしの書籍に「上円、下円の形」とあります。玉には古くから呪《じゅ》霊として霊的な意味をもつとされています。A部分は、土を高く盛った形です。圭は、土を上に重ねた形で、先端が山形になった形を表しています。圭は「圭がよい・すっきりして美しい・めでたい」などの意味があります。儀礼や祀り事の際、土盛りをされるのもその意からです。

鮭は、河川に上って産卵し、孵《ふ》化した稚魚は川を下り海に出て行ったり来たりする魚であることから「圭」の文字が付けられています。北太平洋を広く回遊して成長します。産卵にはまた母川に戻ります。

サケの語源には諸説あります。

○貝原益軒が著した『日本釈名』には、焼くと「裂けやすい」とあり、その魚肉片が裂けやすいことから「サケ」になった説。

○サケの地方名称は東日本で、古くはスケといったところから「サケ」に転訛した説。
○身が酒に酔ったように赤いので「酒気《さかけ》」からきた説。
○瀬を遡上する「瀬蹴《せげり》」からきたとする説。
○「アケ(朱)」が変化して「サケ」となった説。
○鮭はアイヌ語で「夏の食べ物」を意味する「サクイベ」「シャンベ」は、魚の「マス」を意味する語に通じることや、鮭の大きいものを古語で「スケ」と言い、アイヌ語の「スケ」、「サケ」の音となったものとする説などさまざまあります。アイヌ民族はサケを神の魚と見なして尊んでいたようです。

メス鮭のお腹の卵が筋子《すじこ》・イクラです。約3000〜4000粒あります。このイクラは元々魚卵を意味するロシア語です。

関東より北の海や川に棲みます。

種類は多く、ベニサケ、ギンサケ、シロサケ、キングサーモン、ケイジ、トキシラズなどがあります。

鮭は身の色が赤いため、赤身の魚と思われがちですが、白身の魚です。川から海に出て、餌となるオキアミやプランクトンを食べることで、身の色が赤くなるためです。

●料理

塩焼き、フライ、鍋物、汁もの、ルイベ、マリネなどで食べます。関東から東では正月の雑煮に鮭を入れる習慣があるところが多いです。卵のイクラを一緒に盛り、親子丼としても食べられます。また、日本海側の地域では、鮭の身とイクラを一緒に雑煮に入れて食べる地域もあります。

「鮭の燻製」、「鮭とば」、「新巻鮭」のような塩蔵品、雄の鮭の血合いと腎臓を塩漬けにして3～4年寝かせたものである「めふん」などもあります。

郷土料理として「三平汁」「石狩鍋」などがあります。また、バターをひいた鉄板に鮭の切り身を並べキャベツ・玉葱・もやしなどを一緒に焼き、甘辛い味噌を調味した「ちゃんちゃん焼き」という北海道の漁師料理もあります。

すし屋の隠語

○クサ

海苔のことです。海苔を「海草《かいそう》」というところからこう呼ばれています。

○助六

稲荷ずしと太巻きからなるおすし。歌舞伎の演目『助六』に登場する遊女「揚巻《あげまき》」にちなんで名付けられました。

○なみの花

塩のことをいいます。塩は海水から作られるためです。

Turbo; Turban shell

栄《さざえ》螺

(9) (17)

●**別字** 巻螺 挙螺 ●**旬**は春。

●**地域によっての呼び名・種類** さざい さだえ

「栄」の旧字が「榮」です。「榮」の文字を篆文で書くと上記となります。

(篆文)

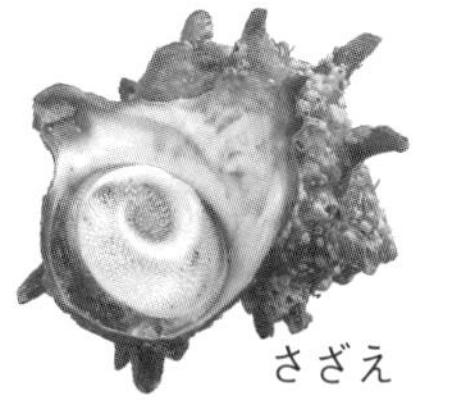

さざえ

姫さざえ

サザエには貝殻の表面に棘があるものと無いものがあります。この違いの原因は諸説ありますが、一般的には棲《す》んでいる環境によって起こるといわれています。波が強く、流れが速いような荒磯で育ったサザエは立派な棘が発達しています。波が穏やかな場所や水槽にながくいるサザエは棘が無いものが多くなります。

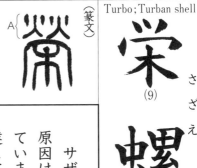

内臓の大半は生殖腺が占めています。雄と雌では色が異なります。雄は黄土色で、雌は黒緑色をしています。

榮の字源は、A部分は、篝火《かがりび》が盛んに燃えていることを表します。榮の文字は、大きく燃え広がっていることから「さかえる・はなやぐ・はえる」という意です。螺の漢字は、渦を巻いた大きい貝という意味です。ですから大きい渦巻き貝であることから「栄螺」で表記されます。

また、別字の「挙螺」は、指を巻いたこぶしサイズであることから用いられています。

サザエの語源には諸説あります。

○「ササエ(小家)」の転訛からの説。

○「ササエ(小枝)」の転訛からの説。

○「サヘデサカエ(塞手栄)」の転訛からの説。

○「サザレ(礫)」の転訛からの説。

○サザエタ(碍枝)の転訛からとする説などさまざまありますが、「サザレ(礫)」説が有力説のようです。

平安時代の語源は「サダレ」で、その後、「サダイ」となり、室町時代では「サザイ」となり、18世紀初から徐々に「サザエ」となっています。

●料理

生のままでも身を取り出せますが、熱湯でさっとゆでると取り出しやすくなります。小ぶりで角のないものを「姫さざえ」と呼ぶこともあります。身は歯触りがやや堅めで、肝など「ふんどし」と呼ばれる柔らかな内臓部分には独特のほのかな苦味があります。

ふたを手で触ると締り、振っても音がせず、重い物がよいです。殻の棘が長いものを選ぶとよいでしょう。

食べ方は、刺身、焼き物(壺焼き)など。壺焼きは、切り出した身と三つ葉や銀杏などを殻に入れて、だし汁を注ぎ、直火にかけ、最後に醤油をたらして食べます。鮮度のよい物は刺身で食べますが、薄切りにしてさっと霜降りにすると柔らかく食べることが出来ます。肝もゆがいたり、煮つけにして食べます。

貝の砂抜き

貝同士を擦りあわせながら洗い、ボウルに海水程度の塩水を入れ、ザルをかませて貝を入れ、上から新聞紙などをかけて冷暗所に置きます。また、バットに貝を入れ、貝がつかる程度の塩水を入れ、新聞紙をかけて冷暗所に置くのも良いです。一般的には穫ったり買ったりした貝を海水程度の塩水に漬けると砂が抜けるとされますが、塩水に漬ける前に真水で洗い、環境を変えてから塩水に漬けた方が砂が抜けやすくなります。また、中に鮮度の悪い貝を一緒に入れると、他の貝の持ちも悪くなる為、口の空いたり臭いがするものは取り除きます。

貝を選ぶ際は、持つと重みを感じるもの、むき身であれば身がふっくらと厚く、色つやがよく、ぬめりや臭いのないものを選ぶとよいでしょう。

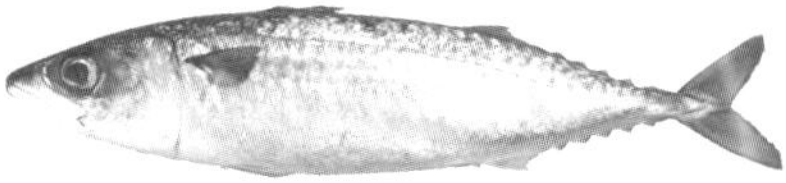

篆文

Mackerel

鯖《さば》

(19)

●旬は夏から秋。「真さば」が秋、「ごまさば」が夏。

●**地域によっての呼び名・種類**

マサバ（一般）　ゴマサバ（一般）　ヒラサバ（静岡・兵庫・高知・九州）

マルサバ（静岡・兵庫・高知・九州）　ウキサバ（島根）　ソコサバ（島根）

鯖の文字は、「魚」と「青」の組み合わせによって出来た文字です。「青」の文字を篆文で書くと上記となります。

青の字源は、A部分が、草を示します。B部分は、土盛りの形です。C部分は、井戸と井戸の中の土盛りを表しています。青の文字は、井戸の中の土盛りの上から生き生きとしたあおい草が芽生えていることを示し「あお」です。

鯖は、青々とした魚であることから「青」の文字が付けられています。マサバと呼ばれる魚は一般的にマサバとゴマサバの2種類を指します。マサバは背側に青黒色のしま模様があり、腹側は銀白色です。ゴマサバは腹側に小さい斑点があります。また、ニシマサバは背中のまだら模様が単純で、浮き袋をもっていないことから区別できます。

サバの語源には諸説あります。

○貝原益軒は、歯の特徴から「この魚。牙小さし、故に、狭歯（サハ）と云う。サ（狭）は、小也」と記しています。

○数をごまかす意味として「鯖（サバ）を読む」と江戸時代から使われています。これはサバが多量に獲れる魚のため、丁寧に数えると鮮度が低下しやすく、腐りやすいことから、いい加減に数えたことに由来とする説などさまざまあります。

鯖の旬は、秋さば・寒さばと呼ばれるように、秋から冬にかけて脂がのり美味といいます。日本近海を中心に、北太平洋からインド洋にかけて広く分布しています。大群で回遊します。冬季は水深100mくらいのところを群れをなして棲み、春には浮上して回遊し始めます。「さばの生き腐れ」といわれるように、鮮度が落ちるのが早いため、手早く調理をします。鯖には「アニサキス」という寄生虫が多く、食中毒に注意が必要です。

鯖の漁獲地は多く、その中でも有名な漁港があり、ブランド化しています。大分佐賀関の「関さば」「岬（ハナ）さば」、神奈川三浦の「松輪さば」、屋久島の「首折れさば」など有名なものがあります。一般的には外海を回遊しますが、「寝付さば」といわれる回遊せずその湾内で育つさばがおり、比較的寄生虫が少ないともいわれます。

若狭湾で獲れた魚介類を京都に運ぶために整備された街道を「鯖街道」と呼び、中でも鯖が多かったので、この名が付いたともいわれています。

●料理

鮮度のよい物は刺身、塩と酢で締めて和え物や酢の物、寿司、塩焼き、船場汁、味噌煮などで食します。

最近は「サバ缶」や「ツナ缶」がブームで、中にある油も捨てずに調理すると良いとされ、いろいろな調理法が提案されています。

箱ずしの中でも、鯖をネタにして、白板昆布をのせたすしをバッテラと呼びます。バッテラの語源はポルトガル語で、小舟、ボートの意味です。明治24年(1891)、大阪・順慶町(現中央区)にあった「鮓常」の中　恒吉(なかつねきち)さんの考案したものとされます。現在、四代目石川里留(いしかわさとる)さんが大阪市北区天神橋2丁目で「寿司常」で営業されています。当時たくさんとれた「このしろ」を用いたもので、形がボートを思わせることからこう呼ばれるようになり、後に「このしろ」の値が上がり、さばが代用されるようになったと言われています。

鯖ずし

鯖がネタの「握りずし」、「押しずし（箱ずし・棒ずし）」の総称の事を「鯖ずし」と言いますが、一般的には「鯖の棒ずし＝鯖ずし」と言われる事が多く、酢飯とネタを昆布や巻き簾《す》で棒状に押し固めて作られています。昆布の無い棒ずしもありますが、関西では昆布の事を松前と言ったため、昆布を使うと松前すしと呼ばれます。

玉子・卵

○たまごという漢字表記には「卵」・「玉子」があります。たまごは、魚・鳥など子孫を残すために孵化して育つものです。

「卵」の文字は、丸いたまごの形を描いた象形文字です。

「卵」は、産んだ形を保って、たまごそのものに近い状態のものに使われます。ですから、（なま卵・ゆで卵・温泉卵）など、「かける」・「混ぜる」・「茹でる」でできるのに対し、「玉子」は、「焼く」・「煮る」など人の手が加わり食用として調理されたものに用いられています。（玉子焼・玉子スープ・玉子サンド）など、「玉子」は一般的に料理されたものに使われます。

すし屋では〆《しめ》に玉子焼きが出されますが、魚や海老のすり身を入れ甘く味をつけた厚焼き玉子が多く、すし屋でのデザートとされます。

Shark

鮫《さめ》

(17)

（篆文）

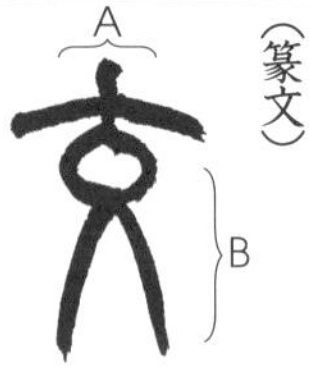

●**別字**　狭目　●**句**　一概には言えませんが水揚量が多いのは夏から初秋

●**地域によっての呼び名・種類**

ヨシキリザメ　アブラツノザメ　アブラシノザメ・フカ（関西）　ホシザメ

鮫の文字は、「魚」と「交」の組み合わせによって出来た文字です。

「交」の文字を篆文で書くと上記となります。

交の字源は、A部分は、人間の頭部と両手です。B部分は、胴体と両足をねじらせている形を表しています。交の文字は、足と足を交わらせて立っている姿を描いた文字です。鮫は、オスとメスが体をねじるようにし交尾し、海の中で体をくねらせるように泳ぐことから「交」の文字が付けられています。

鮫は軟骨魚類であるサメ類の総称です。種類も多く、体は紡錘形、皮は硬い鱗で覆われています。サメの皮が硬いので高級料理店などでは、山葵《わさび》などをおろすときにおろし金のかわりに板にサメの皮をはったものが使われます。また、サメの皮は刀の鞘《さや》や柄《え》がらを飾るのにも使われます。

平安時代の『新撰字鏡』（漢字二万字余りを偏・旁などに百六十部に分け、字音・字義・和訓を付けたもので、現存する最古の漢和辞典）に（さめ）と読む記録があります。

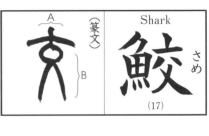

サメの語源には諸説あります。

○新井白石が著した『東雅』（中国の『爾雅《じが》』にならった語源研究書）に「古語にサといひしは、狭也、小也。其の眼の小さきなるを云ふに似たり」と、体の割に眼が小さいので（狭目）といった説。

○アイヌ語で「サメ」を「シャメ」と言ったことが転訛したとする説などさまざまあります。漢字の「鯊」を「サメ」と読みますが、鮫の文字より後に出来たといわれます。日本では「鯊」の文字は（ハゼ）といいます。ハゼがエビを食う魚であることから「蝦虎魚」とも書きます。東北・山陰・山陽地方ではワニ（鰐）の刺身というとサメのことです。「因幡の白ウサギ」の神話にもワニ（鰐）が登場しますが、これも「サメ」のことです。

鮫の種類は多く、世界中に広く分布していますが、食用として出回るのは「よしきりざめ」「あぶらつのざめ」「あおざめ」「ほしざめ」などです。中国料理の高級食材の「フカヒレ」には黒と白の2種類あり、白の方が高価で、特に「よしきりざめ」が珍重されます。「ほしざめ」や「ねずみざめ」の新鮮なものは切り身で売られていますが、アンモニア臭が強いので、湯引きにして、酢味噌などで食べられます。その他の鮫の肉は、竹輪やはんぺんなどの練り製品に利用されます。

Halfbeak

鱵《さより》

(21)

●別字　鱵　細魚　竹魚　箴魚　長鰯　針魚　水針魚

●旬は冬から出始め初夏まで。

●地域によっての呼び名・種類　ハリヨ（新潟）　ゼンド（石川）　ヨド（霞ヶ浦）　スクビ（松山・米子）　ヤマキリ（和歌山）　ナガイワシ（鹿児島）

鱵の文字は、「魚」と「針」の組み合わせによって出来た文字です。

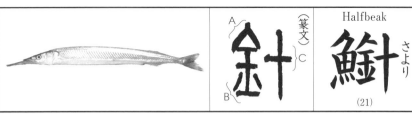

「針」の文字を篆文で書くと上記となります。

針の字源は、A部分は、鉱山の屋根を示します。B部分は、土の中の砂金を表します。C部分は、衣類などを縫うときのはりの形です。針の文字は、金属で作られたはりを表します。鱵は、下顎がくちばしのように長く突き出て針のような形から「針」の文字が付けられています。

鱵は、春から夏にかけて産卵期で、全長40㎝にも達します。サンマに似て細長く、魚体は半透明で、背面が濃青色で腹面は銀白色です。下顎が上顎より長く剣状になっているのが特徴です。また、腹の中が黒い（浅瀬を泳ぐ魚であり、日差しで内臓を守るため腹が黒い）粘膜でおおわれています。苦味があり、裂いたときに内臓から独特の臭いがあります。

サヨリは魚界の美人と言われます。その理由は「腹が黒い」魚であることに由来します。ですから、意地悪な人のことを「サヨリちゃん」と嫌味《いやみ》で呼ぶこともありますが、逆に意地悪な言い方です。

サヨリの語源には諸説あります。

○海面を群れで素早く泳ぐことからサワ（沢山のたくさん）とヨリ（寄り集まる）からワが取れてサヨリとなった説。

○サワ（浅い沢・岸辺の意）とヨリ（寄り集まる）「沢寄り」多く集まるという意が転訛した説。

○古語で細いという意の「狭」と、ヨリ（寄り集まる）とが合わさってサヨリとなった説。

鱵の漢字は、魚偏に「箴」（針・鍼）が組み合わさったものです。下顎が長く突き出て針のようであるところからです。また、細魚は、魚体が細長い体の特徴から当てられたものです。

○まっすぐでよろしき魚という意味の古語ヨリトの頭に細長いという意味のサが付いてトがとれた説。

○サヨリは細かく剝がれやすいウロコをもっているので「細鱗」（サイリ）がサヨリと転訛したとする説などさまざまあります。

下あごが伸びているのが特徴で、身は白身で上品で淡白な味。全長は40㎝ほどになります。腹の中が黒い粘膜で覆われて苦味があり、内臓も悪くなりやすいので早めに取り除きます。一般的には大きいものの方が味が良いとされ、体に張りがあり、体色の銀色がきれいに輝き、くすんでないものがよく、下あごの先端の赤が鮮やかで、腹が黄色くないものを選びましょう。

●料理

銀色に輝く皮目を活かした料理をすることが多く、造り、すし種、天ぷら、椀物、昆布締めなどにします。

造りは一般的に斜めに細く切る「細造り」「糸造り」が多いですが、酢締めにした身を横に並べ、２㎝幅に切り、皮目を外に向けて並べたものを「木の葉さより」といい、お節《せち》などに入れます。

加熱調理をする場合も、さより自体が淡白なので、塩やレモン、酢橘《すだち》などで、さっぱりとした味つけにします。

すし屋の隠語

○カンヌキ

30㎝以上の大型のサヨリのことをいいます。観音開きの扉を閉じるために使う閂(かんぬき)に似ているところから由来しています。小さいものは「エンピツ」と呼ばれます。

（篆文）

鰆《さわら》

Spanish mackerel

(20)

●**別字**　狭腹　　●**旬**は後に記。

●**地域によっての呼び名・種類**　ヤナギ（高知）　ヨコシマサワラ　ウシサワラ　カマチ（壱岐）　グッテリ（香川）サーラ（愛媛・高知・沖縄）

鰆の文字は、「魚」と「春」の組み合わせによって出来た文字です。「春」の文字を篆文で書くと上記となります。

春の字源は、A部分が、大陽を浴びて植物や樹木の芽が出た様子を示しています。B部分は、草木が地下に根をたくわえて芽を出しかけていることを表します。C部分は、大陽（日）です。春の文字は、草木が芽を出す季節を意味します。

鰆は、大地から新芽が出る春の季節に多く獲れる魚から「春」の文字が付けられています。また、春の使者とも言われる魚です。

鰆は、春から初夏にかけて産卵期です。目が澄んで、身のしっかりして硬く、魚体の色が銀色に光っているものが新鮮なものです。

頭が小さく薄く細長い体形で、銀白色の斑点列があるのが特徴です。養殖はされておらず、年々漁獲量が減っているため高級魚として扱われています。肉味がもっとも美味なのはヨコシマサワラです。

サワラの語源は、体形がスマートな魚で狭い腹をしているところから「狭腹（さはら）」から（さわら）と呼ばれています。

旬は秋から冬にかけて。魚編に春と書くため、春が旬と思いがちですが、産卵のために沿岸に集まり、多く獲れるために、春を告げる魚とされます。

成長によって呼び名が変わる出世魚で、体調が40〜50㎝の若魚を「さごち（関東）」「さごし（関西）」、50〜60㎝を「やなぎ」や「なぎ」と呼び、成魚を「さわら」と呼び、1mにも達します。かつては東京湾で多く獲れました。産地は瀬戸内海を中心とした西日本ですが漁獲量が減り高級魚となっています。近年は宮城、青森などの東北での水揚げが多くなっています。選ぶ場合は、目、えらがきれいで、身がかたくしまっており、斑紋の鮮やかなものを選ぶと良いです。身が柔らかいので、扱いに注意が必要です。また水分が多く、臭いが出やすいので早めに処理します。

●料理

鮮度の良い物は造り、酢締めにします。他には酒蒸し、塩焼き、照り焼き、魚すきなど様々な料理にむき、幽庵焼き、西京焼きなどの焼き物にして食することが多いです。大阪では酢締めにした生鮨が鯖より上質で、正月の魚として好まれます。卵巣は塩漬けにして「からすみ」にもされます。

Freshwater clam

蜆《しじみ》

(13)

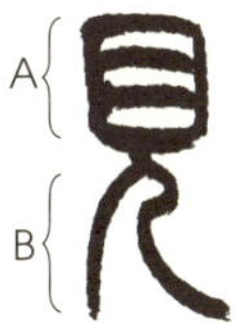

●**旬は夏と冬。**

●**地域によっての呼び名・種類**

ヤマトシジミ　マシジミ

セタシジミ（滋賀・琵琶湖）

蜆の文字は、「虫」と「見」の組み合わせによって出来た文字です。

蜆の偏である「虫」は、旧字で「蟲」です。

虫の字源は、小さい虫が数多くうごめくことを表しています（図一）。「見」は、A部分は人の目で、B部分は、人の側身形で、頭部の目を大きく描いたものです。人間の目は五感の一つです。目を大きく強調することで、見るという行為を表したものです。

漢字の「蜆」は、虫（小さいもの）、見る（現れる）で、浅瀬に姿を現す小さな貝を表しています。

シジミの語源は、殻が小さく縮んでいるように見えることから「ちぢみ」が転訛して「しじみ」になったといわれています。

蜆は、淡水域や汽水域に生息する小型の二枚貝で、ヤマトシジミ、マシジミ、セタシジミなどいくつかの種類があり、それらの総称となっています。

（図一）

シジミと言えば真黒というイメージがありますが、マシジミは比較的明るい色をしているものが多いです。また、泥底にいたものは黒く、砂底にいたものは明るい黄色をしています。これは泥に含まれる成分によるもので、砂地にはあまり含まれていないため黒くならないとされています。

※江戸時代には、土用の丑の日は、うなぎではなく、土用のしじみといわれ食べる習慣があったようです。

●料理

夏の蜆は「土用しじみ」、冬の蜆を「寒しじみ」といいます。

主な品種は「真しじみ」「大和しじみ」「瀬田しじみ」で、多く採れるのは大和しじみです。色は黒。宍道湖、霞ケ浦などが主産地です。

食べ方は、汁もの、醤油漬け、雑炊、炒めものなどにされます。

魚のことわざ

○内ハマグリの外シジミ

内弁慶の意味と同様、家ではハマグリのように大きな顔をして威張っているが、外ではシジミのようにおとなしく小さくなっている人。

（篆文）

鮊《しらうお》

Icefish

（16）

●別字　白魚　**●旬は春。**

●地域によっての呼び名・種類

シロウオ（関西）　シラス（石川）　シライオ（北九州）　シロヨ（八郎潟）

アマザキ（北陸）　シラオ（関東）　スベリ（石川）

鮊の文字は、「魚」と「白」の組み合わせによって出来た文字です。「白」の文字を篆文で書くと上記となります。

白の字源は、人間の頭蓋骨の形で、野辺にさらされて白く白骨化した頭の骨（されこうべ）・髑髏《どくろ》を描いた象形文字です。本来の白は真っ白でなくやや黄色ぎみ（骨の色）です。

古代中国では、偉大な指導者などの首は、髑髏として保存されていました。その人を「伯」の文字で表します。一族の最年長の身分を上から（伯・仲・叔・季）の順序で示していました。

シラウオの語源は、シラウオは生きているときは半透明ですが、茹でると白くなることから「白」の文字が付けられています。

一般にシラウオは白魚と表記されますが、日本の古い辞書では鮊を（シラウオ）と読ませています。『和名抄《わみょうしょう》』（９３４）では（シロオ・シロウオ）とあり、『壒嚢鈔《あいのうしょう》』（1446）では（シラオ）という訓になっています。シロオやシラオはシラウオの古い呼び名です。

鮊は沿岸や汽水域に生息し、春の産卵期に川をさかのぼってきます。体長は細長く、長さは10cmほどです。魚体は半透明で、目だけ黒です。江戸時代は隅田川が鮊の名産地で、そこで獲れた鮊は将軍家に献上されました。鮊は徳川家康の好物の一つであったといわれています。

太平洋側は北海道から岡山まで、日本海側はサハリンから九州西岸までに分布します。主産地は宍道湖、八代湖、有明海。

鮊は鮮度が非常に落ちやすく、極端に味も落ちるため氷蔵で出回ることが多いです。目が黒く澄み、体が透けて持つと手に付くものが良いです。

●料理

淡白な中にかすかな苦みがある上品な味で、椀物、天ぷら、酢の物、玉子とじ、鍋物などにされます。

踊り食いで有名な「しろうお」はハゼ科で別物です。

（篆文）

鱸《すずき》

(27)

Seabass; Seaperch

●旬は夏。

●**地域によっての呼び名・種類**　オオタロウ・デキ・セイゴ（愛媛）
セイ・セイゴ（一年魚）　マダカ・フッコ・チュウハン（二〜三年魚）
スズキ（成魚）　オオタロウ・ヌリ・ニュウドウ（老成魚）

鱸の文字は、「魚」と「盧」の組み合わせによって出来た文字です。「盧」の文字を篆文で書くと上記となります。

盧の字源は、A部分は、部首の（虎＝とらがまえ）でトラの頭の丸いところを描いた象形文字です。B部分は、丸い壺《つぼ》型の食器を表したもので、器の内部がうつろで暗くて黒いことから（丸い・黒い）の意味があります。魚は、壺の口のように大きく魚体に黒い紋点紋様があることから「鱸」の文字が付けられています。

鱸は海岸近くや河川に生息する大魚で、成長するにつれて呼び名が変わる出世魚です。関東では、稚魚を「コッパ」、生後1年〜2年・30㎝以下を「セイゴ」、2〜3年・30〜60㎝を「フッコ」、4年以上・60㎝〜1mを「スズキ」と言います。河川に近い汽水域から海へと生息域を変え、成魚の「スズキ」も夏期と冬期で場所を移動します。夏の高級魚とされ、産卵前の秋に一番脂がのります。

関西では、スズキとなる前の呼び名が「フッコ」でなく「ハネ」といいます。東海では「マダカ」と呼ばれています。

スズキの語源には諸説あります。

○『日本釈名』には「その身白くてすすぎたつやうに清げなる魚なり」と記録され、この「すすき」がスズキに転訛した説。

○『大言海』には「進く進く(すすく)の意、進き(すすき)の義か」とされスイスイと直進するように泳ぎ回る説。

○『古事記』にはススキの名が「須受岐(すしゅき)」と記録があり「ススキ」の音からの説。

○鱗が綺麗にすすけたようだから「ススキ」という説や鱗が煤(すす)けているような色から「ススキ」が転訛したとする説などさまざまあります。

●**料理**

鱸は雑食性で、汽水域で成長するため、脂にくせがあり臭みもあるので、洗いにして食べます。ほかにも椀物、焼き物、煮物、揚げ物、蒸し物と用途が多い魚です。また、島根県松江の郷土料理「奉書焼き」が知られています。

Sea bream

鯛《たい》

(19)

●旬は春と秋。

●地域によっての呼び名・種類

ホンダイ　ベン　カズコ　マコ　オオマコ　チュウダイ　オオダイ

鯛の文字は、「魚」と「周」の組み合わせによって出来た文字です。「周」の文字を篆文で書くと上記となります。

周の字源は、A部分は、苗や種がびっしりと植えてあることを示します。B部分は、田畑などの領域を表します。周の文字は、すみずみまで広く全体に行き渡っていることを表します。

鯛は、広い範囲までまんべんなく行き渡って生息していることから「周」の文字が付けられています。

日本では縄文時代から食べられていて、七世紀頃には既に上等魚として扱われていたようです。

タイの語源には諸説あります。

○『延喜式』(927、平安時代の法令集)に「平魚」と記録があります。平魚(ひらたうお)が(たい)に変化した説。

○江戸時代には「人は武士、柱は桧(ひのき)、魚は鯛」といわれて、魚の代表的存在でした。魚体も赤い色で日本では赤色をめでたい色とされ、お祝いの席には姿焼で用いられ縁起のよい魚とされています。そのめでたいの「たい」となった説。
○調和のとれた魚で品位や味が上品なことから「大位」とよばれ、「たい」とする説などさまざまあります。

4~6月の産卵期には内湾に群来し漁獲量が多くなり、この時期の体色も鮮やかになったものを「桜だい」といい、秋には再び脂がのって美味しくなり、これを「紅葉だい」といいます。「鯛」いうと一般的に「真鯛」をさし、身は淡白な白身で豊かな風味があり、生臭みのない上品な味わいです。

姿、形、味が優れており、日本では魚の王様と呼ばれ、珍重され、特に体色の赤いことから、祝儀用によく使われます。

2年で20㎝、4年で30㎝、6年で40㎝に成長します。最長1m「目の下一寸」といわれ約40㎝、1.5㎏が良いとされ4年もの位が美味しいとされています。

天然ものの他に養殖ものが多く、通年、味はあまり変わりません。養殖物は体色が黒っぽく、顔つきが違い、尾びれが狭くて短かいので見分けやすかったのですが、最近はかなり改良されています。

他にも「黄だい」「黒だい」「血だい」などがおります。それ以外にも「たい」と名のつく魚は多く、

「あやかりたい」といい200種類ほどあると言われています。しかし、日本近海に生息するタイ科の魚は十数種類しかいません。「鯛は大位（たいい）なり、鯉は小位（こい）なり」という言葉があるくらい鯛を縁起のよい魚とする日本人の気持ちが表れています。

●料理

造り、椀物、焼き物、煮物、蒸物、ご飯物などどんな調理法にでも向きます。身だけでなく、中骨や頭であら煮、潮汁《うしおじる》、兜焼《かぶとやき》などにします。

タイの鮮度のポイント

・養殖の鯛は、魚体が少し濃くなっている。
・天然物は、尾びれが大きく、ピンと張っている。
・天然物は、固い殻のついた貝を食べるため顎が発達し丸みを帯びている。歯も鋭い。
・天然物の切り身はうっすらピンク色していて、養殖物は真っ白い場合が多い。

魚のことわざ

○魚は鯛、人は侍、木は檜
同類の中で、最も優れているたとえが、「魚は鯛」と縮めて使うことが多い。

○内の鯛より隣の鰯

「隣の芝生は青い」と同じで、他人の持ち物は良く見えることのたとえ。

○腐っても鯛（くさってもタイ）

すぐれたものは多少悪い状態になっても、本来の価値を失わないこと。鯛は味も良く姿の美しい「おめでたい」とされる吉事の魚で、その鯛が仮に腐ろうとも鯛は鯛であることに変わりない。また、鯛の身は他の魚に比べると細胞が分解しにくく、鮮度が落ちにくいということ。

○金《きん》目《め》鯛《だい》

●旬は冬。

●地域によっての呼び名・種類

キンメ（東京・小田原・銚子）　マキンメ

マキン（小田原）　アカギ（三崎）　アカギギ（和歌山）

カゲギョ（尾鷲）　カタジラア（沖縄）

金目鯛は鯛の名前が付いていますが、マダイやクロダイという鯛の仲間ではありません。金色にも見える目の大きく体色が赤い深海魚です。ここから名前

の由来となっています。漁師さんの話によると、海の中では赤くないそうです。釣り上げたばかりの金目鯛は背中の部分だけが赤くて、全体的には銀色だそうです。金目鯛は、深海魚で、水深400〜600m水域に生息しているそうです。一年を通して脂肪分が多くさまざまな料理にあいやすい白身です。旬は冬と言われます。産卵前後は避けたほうが良いと言われています。

●料理

蒸し物、煮つけや鍋ものが多く、鮮度のよいものは刺身にします。また、味噌漬けや粕漬け、25㎝前後のものを開いて一塩して干物にします。

以前は刺身で食べることは無かったが、流通の発達、食べ方、食習慣の変化により、熱湯をかけた湯霜や焼いて焼き霜にした刺身や握り寿司などにして食べるようになりました。これにより需要も増え、値段も上がり、高級魚となりました。また、少しクセがあるとして、味噌や粕床に漬けてから焼いていたものを、そのまま塩焼きにしたり、揚げ物にするなど、食べ方も様々に変化しました。アラも鍋や味噌汁にして食べます。

需要が増えると共に、国内産だけでは足りなくなり、ニュージーランド、ロシア、チリなどから冷凍輸入されるようになりました。

Octopus

鮹《たこ》

(18)

（篆文）

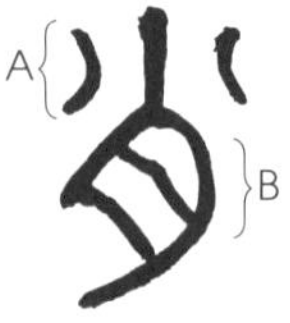

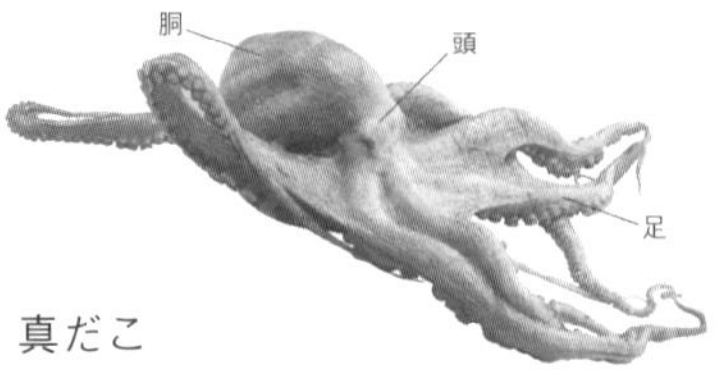

真だこ

●別字　蛸　海蛸子　鱆　章魚　**●旬**　12月〜3月ごろ

●地域によっての呼び名・種類　マダコ（一般）　イイダコ　ミズダコ

鮹の文字は、「魚」と「肖」の組み合わせによって出来た文字です。

「肖」の文字を篆文で書くと上記となります。

肖の字源は、A部分は、「小」です。中央の木などを左右に小さく分けて小さくなったことを示し（小さく細くなる・細長い・削って小さくなる・部分）などを表します。B部分は、「肉」で身体やものを表しています。肖の文字は、肉やものを削って小さくすることや、素材を削って現物に似た小さな像を作ることを意味します。鮹は、手足が切れても再生能力の高い生きものであることから「肖」の文字が付けられています。

タコの語源には諸説あります。

○タは手。コは子で、手の多い生きものの説『東雅』

○手にたくさんの吸盤があり、物に凝《こ》りつくことから、「手凝（たこ）」の説

○タコは多股《たこ》（足が多い意）の説

○たぐるなど手を縦横に動かす意の古語「綰く（たく）」が転化したとする説などさまざまあります。

蛸の文字も(たこ)と読みますが、「蛸」は本来は(クモ)のことです。海に棲《す》む(クモ)の意味から「海蛸子」で表され、それが省略されたものが「蛸」です。また「章魚・鱆」とも書かれることもあります。朝鮮では八梢魚《はっしょうぎょ》・八帯魚《はったいぎょ》とも書きます。

タコ類は種が多く200種以上いるといわれますが、分類はあまりはっきりしません。タコは冷たい海を好むようです。

マダコは明石ダコというブランドになり、大きいものは3m程になるそうです。

タコの触手のうち一本は交接腕といわれ、その先端部分に生殖器があります。交接は一生に一度行われ産卵後死んでしまうことも多いそうです。

タコの血は青く、寿命は1~2年とされます。

タコの体は胴・頭・腕からなり、一般的に頭と呼ばれる頂端の丸いところは胴体で、中には心臓・肝臓・胃腸・鰓などがあります。眼があるところが頭部で中には脳があります。

タコの数え方は、イカと同様にタコを「杯」で数えることもあります。タコの干物は「連」で、足は「本」、吸盤は「個」で数えられます。

●料理

旬は春から夏にかけて。冬も身が締まって美味しいとされます。

食卓にのぼる多くが「真蛸」で、体長は60~70㎝ほどになります。その他に「水蛸」、「飯蛸」

などがあります。飯蛸は春に卵を持つ時期とされます。

表面のぬめりや臭いをとるために、最初に大根おろしや米ぬか、塩などで揉み洗いして、よく水洗いしてから調理すると良いです。胴の中に出来る卵のかたまりを海藤花(かいとうげ)といい、塩漬けにしたりします。

食べ方は造り、酢の物、煮物、揚げ物、ご飯物などにします。火を通す場合は、短時間でさっと、または長時間でよく通すことで柔らかく食べることができます。

関西では7月1日の半夏生(はんげしょう)の日に蛸を食べる習慣があります。

蛸の雌雄の見分けは吸盤で見ることができます。雌は吸盤の大きさが同じで揃って並んでおり、雄は不揃いです。雌の方が身が柔らかく美味しいとされますが、夏の産卵期には味が落ちるので、雄を使うことが多いです。

タコの鮮度のポイント

・生きている蛸は、足などを持つと吸盤で吸い付くもの
・茹で蛸は、触れて弾力のあるもの
・皮に傷が無いもの

魚のことわざ

○あぶら石のあるところに蛸はいる

「あぶら石」とは、潮の流れが速い為に、石の表面が洗われてツルツルしている綺麗な石のこと。その周囲にはゴミも溜まらない。一方、蛸の食い意地は凄まじいが、いたって綺麗好き。食べかすは外に出し、自分の棲家を汚さないようにしている。要するに潮流によって掃除されるような所に棲んでいるから、「あぶら石」のある近くには蛸がいる。漁師の経験から生まれたことわざ（主として北海道地方の言葉）です。

○強飯に蛸

美味しくて栄養満点の赤飯と美味しい蛸がいっしょに出されたような、そんな旨い話はそうそうあるものではないので気をつけなさい、のたとえ。

○ウツボとタコ

「犬猿の仲」。生来の敵同士。会えば必ず戦う。タコの足が切れていたり、数が足りないのは、大抵の場合ウツボと戦って噛み切られた負けあと。よく、タコが自分の足を食った後と言われるが、共食いはともかく、自分食いは消化しないという。

○麦わらダコに祭りハモ

初夏のタコと、夏祭りの時期のハモは旨いという教え。

Beltfish；Cutlass fish

魛《たちうお》

（13）

●別字　太刀魚　立魚　**●旬は夏。**

●地域によっての呼び名・種類　ダツ（秋田）　ヒラガタナ（秋田）　シラガ（新潟）　カタナ（富山）　タチオ（東京・有明海）　ハクノイオ（宮城・鳥取）　ハクイオ（宮城）　タチンジャ（沖縄）　タチヨ・ハクイオ（鳥取・宮城）

魛の文字は、「魚」と「刀」の組み合わせによって出来た文字です。

「刀」の文字を篆文で書くと上記となります。

刀の字源は、A部分が、刀の柄です。B部分が、刀の部分です。刀の文字は、中国古代の刀を描いた象形文字です。

魛は、銀白色に輝く細長くて薄い魚体が「刀＝太刀《たち》」に似ているところから「刀」の文字が付けられています。

一般的にはタチウオは「太刀魚」と表記されます。別名を立魚です。

タチウオは日本の沿岸全域の水深１００ｍ程度の陸棚上の砂泥底に群れをつくって棲み、朝夕に海面に浮上する習性があります。瀬戸内や九州など南日本が主な産地となっています。最近では中国・タイ・フィリピンなどからも多く輸入されています。魚体は太刀のように平たくて長く、背ビレは後頭部から尾の先端近くまでつづく長いもので、腹ビレと尾ビレはありません。

口は大きく裂け、下顎が上顎よりも突出しています。歯は鋭く二対の犬歯があります。また、体の表面にはウロコがなく、全身がアルミニウムのような金属光沢のある銀粉で覆《おお》われています。これはグアニン色素と呼ばれるもので、模造真珠の原料とされます。

タチウオの語源には諸説あります。

○銀白色に輝く細長い魚体が太刀に似ていることからの説。

○全長1.3mほどの細長い魚体で、頭を上にして「立ち泳ぎ」をしているような姿であることから(タチウオ)とする説などさまざまあります。

タチウオは近海もののほうが美味といわれます。

●料理

全身が銀色のグアニン質の層で覆われています。これが鮮度の目安になりますが、調理中も、銀色がはげないよう注意が必要です。

味は近海ものがよく、体長が1.5mに達しますが、1m前後のものがおいしいとされます。

食べ方は、焼き物、揚げ物、煮付けにし、鮮度のよい物は造りにできます。

脂がのった柔らかい白身で、骨から身がはなれやすいのが特徴です。

Cod

鱈《たら》

(22)

（篆文）

●**別字**　真雪　大口魚　鰔　　●**旬は冬。**

●**地域によっての呼び名・種類**

スケトウダラ（一般）　マダラ（一般）

ホンダラ（福島）　マイダラ（富山）スイボオ（石川）　ギジダラ（富山）

アラ（長崎）　アカハダ（兵庫）　メンダイ（福岡）

鱈の文字は、「魚」と「雪」の組み合わせによって出来た文字です。「雪」の文字を篆文で書くと上記となります。雪の古い文字が「霻」です。**雪の字源**は、Ａ部分は、天候や気象にかかわる雨などの現象を表しています。Ｂ部分は、小枝などを示します。Ｃ部分は、人の手です。雪の文字は、冬期に天空から白い雪片が舞い落ちて木の枝などにおおいかぶさり手でさわれるものを意味します。鱈は、身が雪のように白いところから「雪」の文字が付けられたといいます。また鱈の文字について、『本朝食鑑《ほんちょうしょっかん》』（１６９７）に「初雪の後あたりに獲れる、故に、雪に従ふ」とあります。

タラは北国を代表する魚で、北海道や東北などの寒いところで多く漁獲されています。魚体の前部が肥大し、下顎が上顎より短く、体の背側から側面にかけて不規則な褐色の斑紋があり、腹面は白く、体長は３０㎝から１２０㎝ほどに達します。

タラの語源には諸説あります。

○貝原益軒が著した『日本釈名』に「まだら也、その皮少しまだら也、まの字と略す」とあります。体に斑紋があり、斑《まだら》が(タラ)に変化した説。

○太腹(フトハラ)が変化して「太(タ)腹(ハラ)」がタラとなった説。

○切り身が白くて血が足らないという「足《た》らない」が変化して「タラ」となった説。

○漢字で「大口魚」とも書くように大食漢なので「たらふく」の語源と同じく「足る」を意味とする説などさまざまあります。

○大漁を祈って初鱈を神様にお供えし、漁師たちはぶつ切りにした鱈鍋を囲んで祝う習慣があります。

タラの産卵期は12月から3月で、この時期にタラ漁が行われます。その年に初めて水揚げされたものを「初鱈」といいます。

卵は浮遊卵で、雌は海底近くで産卵し、雄は海面近くで精子をかけます。コマイ(カンカイ)は「氷下魚」や「氷魚」と書き、日本近海で獲れるタラの中では最小です。北太平洋から日本海にかけて分布し、凍りついた海面に穴をあけて小さい(コマイ)を釣ることからこの名前がついています。コマイは一夜干しとして食されます。

●料理

「たら」というと「真だら」をさします。東北から北海道にかけての北太平洋全域、日本海の山陰以北からオホーツク海、黄海まで広く分布しています。3年で成魚となり、全長1.5m、重量も20kgにもなります。真だら以外には、「すけとうだら」「ひげだら」「銀だら」「こまい」もたらの仲間です。

「真だら」は白身の柔らかい肉質で、水分が多く、脂肪が少なく淡いうまみがあります。全体にふっくらとして張りがあり、皮のつや、目の澄み具合が、鮮度をみる目安となります。たらは死後硬直と自己消化が早いので、鮮度が落ちやすいです。

ちり鍋、煮込み、揚げ物やバターソテーなどにしたり、昆布締め、塩漬け、干物、すり身などで食します。真だらの白子を「雲子、菊子」と呼び、すけとうだらの卵巣を「たらこ」といいます。

一番有名なのは「たらちり」で、相性のよい昆布でだしを取った中で豆腐や白菜などと一緒に煮込み、ポン酢をつけて食べます。また昆布と一緒に煮たり、鮮度の良いものは昆布締めにします。また寒い地域で保存食として食べられた「棒鱈」を海老芋と一緒に炊いた「いも棒」や、塩だらを使った鍋や湯豆腐、ホイル焼きとしても食べられます。

タラの鮮度のポイント

・切り身にハリと弾力とツヤがあるもの
・目の色が透明で透き通っていて、黒目がはっきりとしているもの
・目を水平に見て、盛り上がっているもの
・エラが鮮やかな赤色であるもの

魚のことわざ

○鱈腹食う（タラふくくう）
腹いっぱいに食べること。タラは何でも食べる貪欲な魚で腹が膨れている形をしていることに由来する。
○京の生鱈
むかし、京都では生鱈が入手できなかったことから、ありえないもの、ありえないことのたとえで使われていました。
○タラ汁と雪道は後が良い
タラ汁は、煮るほどタラがバラバラになって美味しくなるということと、大勢が通ったあとの雪道はふみ締められて歩きやすいということをかけ合わせたことわざです。

Flying fish

𩹉《とびうお》

(20)

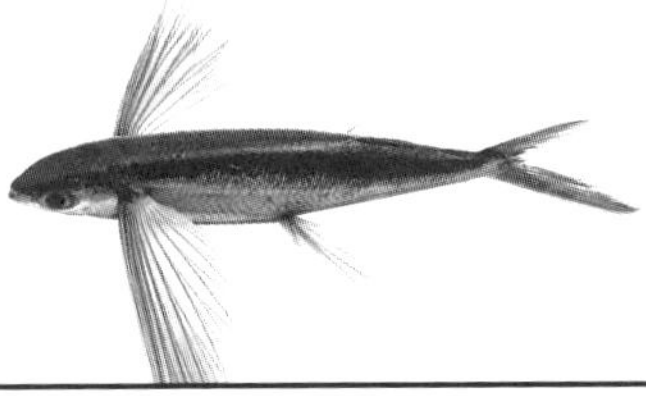

●別字　鰩　飛魚　**●旬は春から夏。**

●地域によっての呼び名・種類

大トビ（約30～35㎝）　セミトビ（約15㎝）　コトビ（宮崎）　夏トビ　春トビ

𩹉の文字は、「魚」と「飛」の組み合わせによって出来た文字です。「飛」の文字を篆文で書くと上記となります。

飛の字源は、A部分は、鳥が飛ぶ時に左右に広げる羽の形です。B部分は、頭部とたて髪を表しています。飛の文字は、鳥が翼を大きく広げて飛翔する姿を描いた象形文字です。

𩹉は胸ビレを広げて水上に飛び出し、海面を１００ｍ以上も飛び移動することから「飛」の文字が付けられています。また、飛魚・鰩と書くこともあります。

九州や日本海側では（アゴ）と呼ばれます。

トビウオの語源には諸説あります。

○西日本では「顎が落ちるほど美味な魚」であることから「アゴ」と呼ばれる説。

○平戸辺りの海で、船に乗っていた宣教師が、海上を飛ぶ飛魚を見て「～

ａｇｏ～！」と叫び、その言葉を聞いていた日本の船乗り達が印象に残った言葉が、解かり易かった語尾「～ａｇｏ」だったことから、飛魚を「アゴ」と呼ぶようになったとする説などさまざまあります。

鯱は、世界に50種以上あり、日本近海にも30種近く生息しています。春が旬のものを春トビ、夏が旬のものを夏トビとの二つのグループに分けられます。一般的には夏トビが美味と言われています。

寿司ネタの「とびっこ」は飛魚類の卵です。近年は、台湾・インドネシアなどから多く輸入されています。

島根県・長崎県では「県の魚」に指定されています。

島根県隠岐のアゴ(トビウオ)は有名で、5～7月ころ産卵のため隠岐周辺に飛魚が回遊しているようです。

飛魚は種類が多く、「本飛びうお」「はま飛びうお」「つくし飛びうお」「ほそ飛びうお」など30種類以上あり、東京の市場では、入荷時期によって「春トビ」「夏トビ」と呼び分けます。本州中部から沖縄まで分布しており、夏から秋にかけて産卵します。身は締まった白身で脂肪が少なく、味は淡泊です。

●料理
焼き物や揚げ物、刺身にします。西日本では「あご」と呼び、干物にしたものでだし汁を取ります。

トビウオの鮮度のポイント

・鱗が綺麗についているもの
・腹側の白さが白く光っているもの
・切り身の時は血合いの色が赤いもの、鮮度が落ちるとお腹に黄色い線が浮かんできます。

魚のことわざ

○一尾飛ぶと下に千尾
トビウオの漁を占う漁師言葉です。一尾は「氷山の一角」。万と数えられる魚の中で、空を飛べるのはトビウオただ一種。トビウオは「春飛び」といわれ、春告魚の代表格です。

Loach

鰌《どじょう》

(20)

(篆文)

●**別字**　鰍　泥鰌　土長　●**旬は夏。**

●**地域によっての呼び名・種類**

オドリコ（関東）　アジメ・ムギナ（長野）　オオマ（福島）

鰌の文字は、「魚」と「酋」の組み合わせによって出来た文字です。

「酋」の文字を篆文で書くと上記となります。

酋の字源は、A部分が、酒の入った徳利の形です。B部分は、酒をつぎ分ける様子を意味します。酋の文字は、酒壺（徳利）から酒をつぎ酒気の香りが分かれ出る様子を示しています。

　鰌の文字は、魚と酋（酒気がたちのぼっている）を表します。むかしの書籍『さかな風土記』に「ドジョウが水中で上がったり下がったりして泳ぎ、ふらふらと泳ぐことから、酒呑みの酔った姿がそっくりなので、魚偏に（酋）をつけてドジョウに当てたといわれる」とあります。

ドジョウの語源は、江戸時代は一般に「どぜう」といっていたようです。

古い書籍に「泥之魚」（ドヂョウ・ドヂャウ）とあり、ドヂが転じて（ドジョウ）となったと考えられます。

北海道から日本各地、台湾、ベトナム、インドまで分布しており、川や沼の泥地に生息しています。産卵期は4～7月。冬は冬眠するので、身やせします。北海道から日本各地、台湾、ベトナム、インドまで分布しており、川や沼の泥地に生息しています。産卵期は4～7月で、冬は冬眠するので、身が痩せます。

上あごに3対、下あごの2対で合計10本のひげを持ち、全長18㎝ほどになります。ビタミンD、カルシウム、リン、鉄分などが豊富で、夏のスタミナ食として有名です。

●料理

柳川なべ、から揚げ、煮物、どじょう汁、どじょう豆腐（どじょう地獄）などで食します。大きくて太い物は骨が硬いため、開いてから柳川鍋にしたり、蒲焼き、から揚げにします。昔は日本各地の小川、田んぼに多く生息していましたが、農業方法や環境の変化で激減し、養殖されるものが多くなりました。

魚のことわざ

○いつも柳の下に泥鰌はおらぬ

一度成功しても、再び成功するとはかぎらない。

一度柳の下で泥鰌が捕れたことがあったからといって、いつも柳の下に行けば必ず泥鰌がいるというわけではないことに由来します。

Sea cucumber

海鼠《なまこ》

(9)　(17)

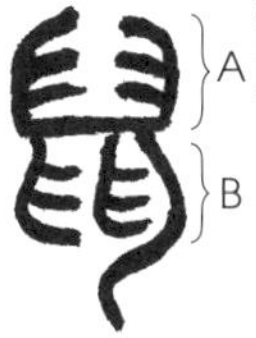

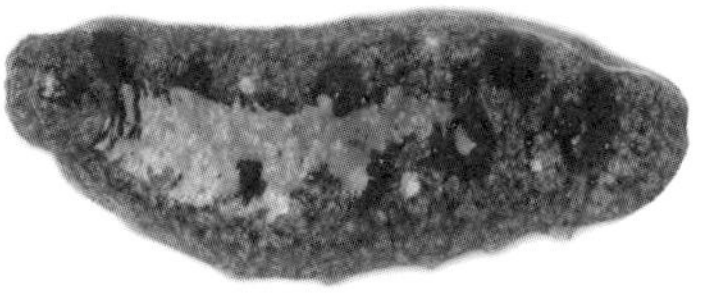

●**別字**　生子　海参　●**旬**は冬。

●**地域によっての呼び名・種類**

アカコ　アオコ　カイソ　俵子（タワラゴ）　タワラ　トラゴ

海鼠の文字は、「海」と「鼠」の組み合わせによって出来た文字です。

「鼠」の文字を篆文で書くと上記となります。

海鼠《なまこ》は見た目は醜悪ですが味が良く、料理店や海鮮店でよく見かける海の生き物です。

鼠の字源は、ねずみを描いた象形文字です。むかしの書籍に「上は歯に象《つく》り、下は腹・爪・尾に象る、鼠は好んで物を齧《げっ》傷するが故に歯に象る」とあります。ですから、A部分は、歯を示し、B部分は、腹・爪・尾などを表しています。

海鼠は海にいて、細長く鼠の容姿に似ていることから表記されたものと考えられます。

体長は約20～30㎝、太さ約6～8㎝の筒状をした軟体生物です。見た目が褐色で斑紋があるのが「赤ナマコ」、濃緑色もしくは黒のような色をしたのが「青ナマコ」、そして黒色のつよいものを「黒ナマコ」といいます。
最初に（海鼠ナマコ）の名前が登場するのは『古事記』です。1200年以上も前から食材とされ、伊勢の神宮祭にもナマコがお供えされていたと『延喜式』に記載されています。また宮中でも900年頃にはすでに「入紅梅」と呼ばれて珍重されたと伝えられています。

ナマコの語源には諸説あります。

○ヌラヌラした滑らかだから「滑ろこ・ナメリコ」が「ナココ」となった説。
○712年の『古事記』に登場しますが、当時は「コ」と呼んでいました。そして煮たものを「イリコ」、生ものを「ナマコ」と呼び分けた説。
○「生＝ナマ」と「海鼠＝コ」で「ナマコ」という説。
○ヌメコ（滑凝）が「ナマコ」になった説。
○ナワク（刃割ロ）が転訛して、「ナマコ」とする説などさまざまあります。
※ナマコの加工品は高級珍味（日本三大珍味）の一つです。
○海鼠腸《このわた》（ナココの腸、あるいはその塩辛）
○海子《このこ》（ナマコの卵巣の塩辛）
○干《ほし》このこ（ナマコの卵巣を乾燥したもの）
形の上から撥子《ばちこ》と棒子《ぼうご》。これを地方によって「干口子《ひぐちこ》」と呼びます。
○前海鼠または海参《いりこ》（ナマコの内臓を取り除き、ゆでて干したもの）

筒状の体形で、体表に多数のいぼのような突起がある生物です。ほとんどが雌雄同体ですが、外観からは判断できません。北海道から沖縄にかけて沿岸の岩礁地帯に生息していて、20~30㎝ほどに成長します。食用にするのが「真ナマコ」だが、生息場所によって体色が変化し、外洋に棲むものは赤褐色の「赤ナマコ」、内湾の砂泥地に棲むものは青黒くて「青ナマコ」と呼ばれています。また、形を置いた場所に応じて変化させます。産卵期は晩春~初夏にかけて。コリコリとした独特の歯触りで、「冬至ナマコ」と呼ばれるように冬に味がよい。内臓は「このわた」、卵巣を「このこ」と呼び、珍重される。

●料理

生を筒切りして酢の物などにするのが一般的で、煮たり、蒸したりもします。乾燥させたものを「きんこ」「いりこ」などと呼びます。

生で食べる場合は、そのまま薄切りにするか、「茶ぶりなまこ」といって、薄切りした後に塩をし、熱い番茶で短時間つけることで、ふっくらとした食感で食べることができます。

なまこはどんな形にでも変化し、入れる容器にあわせて体を変形させます。また、非常に生命力が強く、半分に切っても生き続け、外敵に襲われそうになると、口から内臓を吐出して逃げます。そして、また内臓も再生されます。

ナマコの鮮度のポイント

・触った時にぎゅっと固く縮むものが活きがよい
・突起がはっきりしているもの、表面が溶けたような感じになっているものは避けたほうが無難です

すし屋の隠語

○あにき
さきに使う材料のことです。反対に後で使う鮨屋の食材を「おとうと」といいます。
○あらじこみ
ある程度材料を使える状態まで処理しておくことをいいます。さらに材料の仕込みが行われたものを「なかじこみ」といいます。

魚のことわざ

○なまこにわら
ナマコをワラで縛ると、そこから切れたり縮小したりする。そこから、相手がたちまち弱まり閉口することのたとえ。
○なまこの化けたよう
みにくいもののたとえ。

Catfish

鯰《なまず》

(19)

●別字　鮎　●旬は冬。

●地域によっての呼び名・種類　マナマズ・カワッコ・ハス・ベッコ(千葉)　ザシン(富山)　ヤッコナマズ(鳥取)　ヘコキ(琵琶湖周辺)

鯰の文字は、「魚」と「念」の組み合わせによって出来た文字です。「念」の文字を篆文で書くと上記となります。

念の字源は、A部分が、建物の屋根や蓋の形で、おおい被せたことを示します。B部分は、心臓の形です。念の文字は、蓋《ふた》を強く押さえたように心の中で思う様子を表す文字です。鯰は、むかしから「地震の起きる前にナマズが騒ぐ」と言われ、地震の起きるのを予知する魚ということから「念」の文字が付けられています。

ナマズの語源は、貝原益軒が著した『日本釈名』に「ナマズはなめらか也(略)、此の魚なめらかにしてとらへがたし」とあります。ナマズの名は、「ナマ」が「滑らかな」、「ズ」が頭を意味します。ナマズは皮膚がぬるぬるしている大きな頭の魚であることから名付けられています。

北海道を除く日本各地の川や沼、湖に広く生息しています。6本のひげを持ち、頭が大きく、尾部が細い体形です。3年で成熟して体長が40～60cmになります。

夜行性で、口に入る魚類をどんどん捕食する肉食の魚。身は白く、脂肪分の少ない淡泊な味わいで、骨、ひれ、とげ以外はすべて食べられます。特に冬になると身が締まり、１㎏ほどの大きさのものがおいしいです。

九州にはたくさん「ナマズ」を祀る神社があります。

○福岡（筑前）伏見神社では、那珂川の守り神として鯰の絵馬があります。

○福岡（筑後）大善寺玉垂宮は、古代氏族、水沼（水間・みぬま）が始祖を玉垂宮神として祀られています。この宮は高良王垂宮（久留米）の元宮とされています。

○福岡（糸島）祓戸の宮「桜井神社」には、神功皇后の首に鯰がまきつく絵馬があります。

○熊本（阿蘇）国造神社には、鯰宮が祀られています。

○福岡（福津）大森神社では、鯰が武将の命を救ったという伝説があり、神の使いとして鯰が祀られています。また、境内には狛犬のかわりに鯰の石像があります。

○佐賀（嬉野）豊玉神社には、美肌の神様である豊玉姫を祀る小さな神社で、この女神の使いとして白鯰像があります。

●料理

蒲焼き、煮つけ、飴煮、味噌汁、鍋などで食べます。

Goby

鯊《はぜ》

(18)

(篆文)

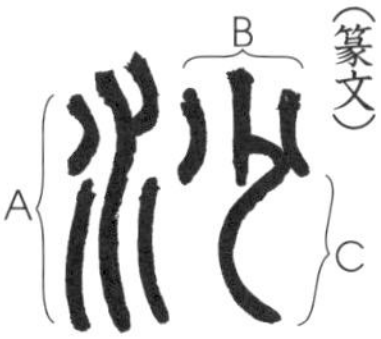

●旬は秋から冬。

●別字　沙魚　魦　蝦虎魚

●地域によっての呼び名・種類　オカンバ　ドンハゼ(静岡)　カジカ(宮城)　カジカギス(富山)　グズ(石川)　ハゼグチ(長崎)

鯊の文字は、「魚」と「沙」の組み合わせによって出来た文字です。生き生きと海や川を泳ぐ魚を描いた象形文字です。「沙」の文字を篆文で書くと上記となります。

沙の字源は、A部分は、高いところから低いところに水が流れていることを示します。B部分は、「小」で、中央部分から左右に分けられて小さくなった形です。C部分は、そぎとりばらばらになったことを表します。「沙」の文字は、水によって細かくばらばらに砕けた石(すな)を示し、水中のきめの細かい砂地を意味します。鯊は、浅い海水域・淡水域・汽水域のあらゆる環境の砂地に棲《す》み生息する魚です。砂に潜り、砂を吐き出す習慣から「沙」の文字が付けられています。

ハゼの語源には諸説あります。

○「馳(は)せ」に由来し、俊敏に海の中を馳せる(速く走る)ところからきた説。

○古語で「ハセ・オハセ・ハゼ」といいます。これは男性の象徴（性器の形に似ている）を指します。しかも子供のペニスからきたようです。ハゼは大きくて20㎝〜15㎝と小柄で丸くて細長魚体であることからとする説などさまざまあります。

沙魚をハゼと読みます。

近世、中国では「鯊」をサメの意味で使われています。（宋の戴侗《たいとう》の『六書故《りくしょこ》』に「海中に産する所なり。その皮、沙（砂）の如きを以て名を得たり」とあり、サメの肌がザラザラと砂のようであるところからの異名です。

北海道以南か、九州、朝鮮半島に及ぶ広い沿岸水域に分布しています。頭部が大きく、胴体は円筒形で、内湾の砂泥地に生息しています。真はぜなど、２００を超える種類があります。

●料理

天ぷら、佃煮、南蛮漬け、細造りの刺身にすると美味しいです。子持ちは煮物にされます。

鰰《はたはた》

Sandfish

(21)

(篆文)

●別字　鱩　雷魚　鱦魚　●旬は冬。

●地域によっての呼び名・種類　カミナリウオ(秋田)　カハタ(鳥取)　オコアジ(京都)　シマジ(新潟)　サタケウオ(秋田)

鰰の文字は、「魚」と「神」の組み合わせによって出来た文字です。

神を篆文で書くと上記となります。

鰰を(はたはた)と訓します。

神の字源は、A部分は、儀礼の際、神前に置かれる机の形です。B部分は、いなびかり(電光)の形です。神の文字は、古代において、いなびかりは天の神の威光《いこう》(人々を従わせ恐れさせるような力)のあらわれと考えられていました。神の文字は、いなびかりが空を走り放射する形で、雷神(また、そのような人知を超えた不思議な存在)を意味します。

鰰は稲光を発する雷の時期に収穫され、ハタハタが「雷神の使い」といわれるところから「神」「雷」の文字が付けられています。

鰰は、体長20㎝ほどです。鱗はなく、胸びれは大きく、背中に褐色の斑紋があります。また、海底の砂に潜る習性があります。

ハタハタの漢字表記は、江戸時代初期の秋田の古文書に「鰰」の文字が記録されているようです。

ハタハタの卵を秋田地方では「ブリコ」と呼ぶそうです。

秋田音頭にも登場する「ハタハタ」は、秋田県民と深いつながりがあり食文化を語る上で重要な魚です。

戦国時代に秋田を治めていた秋田氏は、ハタハタを年貢の対象としていたという記録があります。江戸時代以前より獲られ、献上品として用いられ、今日まで秋田の特産品を代表してきた食材です。十勝沖の鰰は美味で有名です。

ハタハタの語源には諸説あります。

○雷神(らいじん)の古名とされ、「霹靂神(はたたかみ・はたかみ)」に由来する説。
○時化(しけ)の時によく獲れるので「波多波多」から(ハタハタ)と呼ばれる説。
○冬の厳しい日本海沿岸の貧しい漁村の人々にとって、冬の季節の訪れに轟く雷(神鳴り)と共に突然海岸にうちよせる獲りきれないほどの「ハタハタ」の大群は、雷神様がつかわした魚と信じられ「霹靂神がつかわしたありがたい魚」として鰰(ハタハタ)と呼ばれるようになったとする説などさまざまあります。

北海道から山陰までの日本海、東北の太平洋に分布しています。11月下旬から12月上旬にかけて浅瀬に産卵し、ほんだわらなどの海藻に産みつけられた卵は「ぶりこ」といい、弾力があり歯応えがよく、とろりとしています。

冬の日本海では降雪の前兆である雷が鳴る頃に押し寄せるので、「かみなりうお」ともいわれています。

● 料理

しょっつる鍋、塩焼き、味噌漬けなどで食します。

旬は産卵期の冬で、卵をたくさん抱えたハタハタに塩をして焼く、シンプルな塩焼きが美味しいです。

また、代表的な料理が秋田の「しょっつる鍋」で、ハタハタの塩漬けから作った魚醤の「しょっつる」と、生のハタハタ、豆腐、野菜をいれた鍋です。

ほかにもご飯と麹と一緒に漬け込んだ「ハタハタ鮓」や煮物、田楽など各地域に様々な郷土料理があります。

ハタハタの鮮度のポイント

- 目が青く澄んでいるもの、体色が濃いものを選ぶ
- ぬめりと艶があるもの、ハリがあり脂が多いもの
- エラ蓋を開けてみて中のエラが鮮やかな赤い色のもの
- 身の弾力・お腹の部分が硬かったら、なお良しです。

Hard clam

鮭《はまぐり》

(15)

（篆文）

●**別字**　蚌　蛤　●**旬**は冬から春先。

鮭の文字は、「魚」と「丰」の組み合わせによって出来た文字です。

「丰」の文字を篆文で書くと上記となります。

丰の字源は、草木のさかんに茂る形で、（∧型に盛り上がる。先端がとがっている）などの意味があります。鮭は三角形の山形で盛り上がったような貝であるところから「丰」の文字が付けられています。

ハマグリの語源には諸説あります。

○内湾の砂浜に生息し、浜の小石が転訛して「ハマグリ」となった説。

○栗のような形から「浜栗＝ハマグリ」とする説などさまざまあります。

日本では北海道南部以南の砂泥にすみ、養殖も盛んに行われています。

別字の「蛤」は、丸みをおびた三角形で、二枚の貝殻がぴったりと閉じ合わさっている貝であることから「合」の文字が付けられています。

三月三日（桃の節句）ひな祭の「ひな」の言葉は女性自身を表す隠語です。ひな祭りのお膳にはハマグリのお吸い物が不可欠です。ハマグリは上下の対になる貝殻としか合わせられないことから、夫婦和合を意味するとされ、女の子が将来唯一無二の伴侶を得て幸せになりますように！と願うひな祭りには欠かせない食材です。

●**料理**

内湾で、淡水が混じる浅瀬の砂地に生息し、ほぼ日本各地で獲れます。東京湾と伊勢湾が主産地でしたが、近年は韓国や中国から多く輸入されています。産卵期は春と秋。水質が悪くなると、長い粘液を出して潮に引かせて移動する習性があります。殻長が９㎝ほどになるまで、５〜６年の年月を要します。水のきれいな砂地に棲むものは味がよく、泥中にいたものは味が劣ります。

食べ方は、焼き物、汁物、酒蒸し、すし種などです。

魚のことわざ

○夏のハマグリは犬も食わぬ

夏は産卵後で味が落ちます。三月ヒラメは犬も食わぬと同じ意。

○畑に蛤

畑を掘って蛤を探そうとしても無いように、見当違いなことをいいます。その他に、出来もしないようなことを望むことのたとえ。「山に蛤を求む」も同じ。

Dagger-tooth pike conger

鱧《はも》

(24)

（篆文）

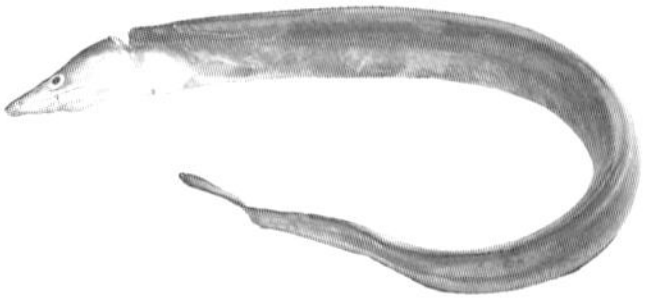

●**旬**は夏、秋。

●**地域によっての呼び名・種類**　マハモ　ハム（関西）　コンギリ（長崎）　ハミ（富山）　ウミウナギ（北九州）　バッタモ（京都）　ジャハム（石川）

鱧の文字は、「魚」と「豊」の組み合わせによって出来た文字です。「豊」の文字を篆文で書くと上記となります。

豊の字源は、A部分は、黍稷《しょしょく》（きび）などお供え物を盛った器の形です。B部分は、頭部が丸く、長い脚をしている高坏《たかつき》を示します。豊の文字は、儀礼の際、神に塩物や飾り物などのお供え物を盛りつけた形です。「豊」には「きちっとする・形よく整っている」などの意味があります。

鱧は、食べる前にきちんと骨切りをして調理して食することから「豊」の文字が付けられています。

ハモの語源には諸説あります。

○ハモは攻撃的な魚でよくかみつくところから、食むが（ハモ）となった説。

○鱗がなく肌が見える（ハダミユ）、歯持ち（ハモチ）などの転訛した説。

○美味しい魚で、食むが（ハモ）になった説。

○蛇に似ているところから、蛇の古語（ハミ）が転訛した説。

○海鰻＝うみうなぎ（ハモの漢名）の近世中国語音（ハイマン）が転訛し（ハモ）とする説などさまざまあります。ハモは『和名抄』に鱧の文字があり、訓をハモ（古語はハム）として以来、それが定着しています。

●料理

瀬戸内海、九州、四国が主産地。韓国や香港からも輸入され、高値で取引されています。前方の歯が鋭い犬歯状で、獰猛な肉食の魚です。特に関西では夏の食材として好まれ、京都の祇園祭の時期に多く食べられるので、祇園祭は「鱧祭り」とも呼ばれます。白身で脂がのっていますが味は淡泊、身の中に小骨が多いので、骨切りをしてから調理します。

鱧ちり、椀物、照り焼き、揚げ物、すし種、鍋物、ご飯物などでたべます。

ハモの鮮度のポイント

・全体の色が白く透き通っているもの

・鮮度が落ちてくると、全体の色が濁ってきたり、身が柔らかく水っぽくなります。

すし屋の隠語

○おとし（料理屋でも言う）

湯びき調理のこと。ハモを湯びきした後、すぐに氷水に落とす調理方法から付いたことばです。

Left-eyed flounder

鮃《ひらめ》

(16)

(篆文)

●**別字**　平目　比目魚

●**地域によっての呼び名・種類**　●**旬は冬。**

テックイ(北海道)　オオグチガレイ(東北・関西)ミビキ(富山)　カルワ(青森)

ヒダリグチ(山口県周防辺り)　オヤニラミ　オヤフコウモン(大分)

鮃の文字は、「魚」と「平」の組み合わせによって出来た文字です。

「平」の文字を篆文で書くと上記となります。

平の字源は、A部分が、手斧の形です。B部分は、左右に削れて平らになった木くずなどを示しています。平の文字は手斧で木などを薄く削り平らにすることを表しています。

鮃は楕《だ》円形で極端に魚体が平らであることから「平」の文字が付けられています。鮃は中国の古い辞書にこの文字は無く、日本で出来たと思われる文字です。魚体は全長80㎝にもなります。

漢字表記は「平目」・「比目魚」と書いていたのですが、やがて「鮃」と書くようになりました。

「比目魚」とは、カレイ・ヒラメのことで、夫婦仲睦まじいことのたとえとして、古い書籍に「比目の魚」ということわざがあります。また、中国の伝説では「比目魚といって雄と雌が目のない方をすり寄せ合って、仲良く二身同体となって泳ぐ魚がいる」といういい伝えがあります。

ヒラメの語源には諸説あります。

○魚体が楕《だ》円形で平たい魚であることから「ヒラメ」とする説。

○両目とも体の左側に目が二つ並んでいるので、左目から「ヒラメ」となった説もあります。

○平らな体に目が二つ並んでいることから、「平目」とする説などさまざまあります。

江戸時代の越谷吾山が著した『物類称呼』には、「畿内、西国ともにカレイと称し、江戸にては大なるものをヒラメ、小さいものをカレイとよぶけれども、類同じくして種異也」とあり当時は正確な区別がなされてなかったようです。

●料理

産卵期前の身が厚くなる秋から冬に身が美味しくなり、この時期のひらめを「寒鮃」とも呼びます。

例外はありますが、「左ひらめの右かれい」と言って、腹のある方を手前にして置いたときに頭が左に来るのが「ひらめ」です。目がある表側は黒く、裏側は白く、裏側が真っ白な物が天然、黒っぽい斑点があるものは養殖とされます。

味は淡白な白身の魚で、造り、焼き物、揚げ物などさまざまな料理に用いられます。ひれのつけ根の部分の「縁側」が、脂がのって珍重されます。

刺身や昆布締めで多く食べられますが、脂ののった時期にはムニエルやグラタンなど、洋食でも多く使われます。

高級魚であったひらめも養殖が盛んになり、かなり安値となり、多く食べられるようになりました。養殖は海ではなく陸上の水槽で養殖し、管理しやすいのが特徴です。しかし、最近、この養殖ひらめ(特に輸入物)に「クドア」という寄生虫が原因で食中毒の事例が増え、注意が必要です。

ヒラメの鮮度のポイント

・身が厚く、尾びれの根元の肉付きが良いもの
・身が硬いほどよいとされています
・エラが綺麗な赤色のもの
・臭いのきついものは避けた方がよい

魚のことわざ

○三月ヒラメは犬も食わぬ
春暖かくなったころ(旧暦三月)ヒラメは産卵で岸近くに来ますから、たくさん取れます。しかし、この頃のヒラメは、産卵後で旨くない。

○鯛も鮃も食うた者が知る
いくら見たり聞いたり書物を読んだりしても、実際にしなければ物事の本質は見えてこないこと。

すし屋の隠語

○えんがわ
ヒラメやカレイの鰭（ひれ）を動かすための筋肉部分。家屋の縁側に見た目が似ていることから呼ばれます。
○オテショ
醤油などを入れる小皿のこと。
○バラン・ハラン
仕切りや飾り付けに用いられるユリ科の植物、葉蘭。江戸前は笹の葉。近年の大部分は緑色の薄い合成樹脂製の模造品。
○ヤマ
化粧笹のこと。山で取れることからこのように呼ばれています。または品切れのこと。
○宮島
しゃもじのことをいいます。名産地が宮島にあることから。

Blowfish;Puffer

鰒《ふぐ》

(20)

（篆文）

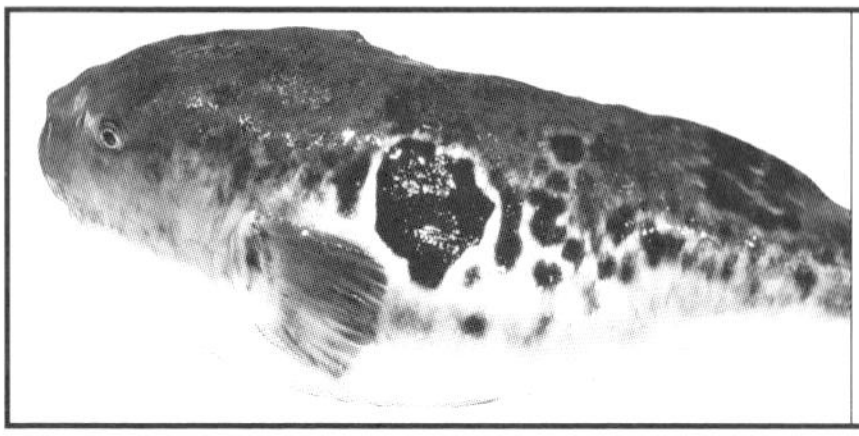

●**別字**　河豚　鯸　魨　布久　●**旬は冬。**

●**地域によっての呼び名・種類**　フク　シロ　テツ　マフグ（なめらふぐ）
クサフグ　トラフグ　ショウサイフグ

鰒の文字は、「魚」と「复」の組み合わせによって出来た文字です。「复」の文字を篆文で書くと上記となります。

复の字源は、A部分が、上と下に同じ形をした器の形で「重なる・厚なり・富・ふくれる」などの意味があります。B部分は、人の足を表します。复の文字は、腹などが著しく膨張することを示します。鰒は、腹がふくれている魚であることから「复」の文字が付けられています。

フグの語源には諸説あります。

○新井白石が著した『東雅』（1717）に「その腹脹れぬるをいふ」とあります。鰒の旁を「腹＝ふくれる」を略して「フク・フグ」と転訛した説。

○ふくれると「瓢箪＝ふくべ」に似ているところからの説。

○「吹く」。胃の一部が特別な袋になっていて、この中に水を飲み込み、水を吹き出して砂中のゴカイ類を食べあさるからとする説などさまざまあります。

鰒の本来の意味は「アワビ」です。平安時代の『新撰字鏡』では、「イカ」とあります。また『和名抄』では、「アワビ」となっています。アワビの形態がふっくらしているところから呼ばれていたと考えられます。室町時代の『節用集《せつようしゅう》』に初めて、鰒を(フク・フグ)の訓が現れます。フグの刺身のことを関西では「てっさ」、関東では「フグ刺し」と言います。江戸時代にはフグは命を落としてしまう程の猛毒があり「てっぽう(鉄砲)」と呼ばれていました。そこから「てっぽうのさし身」を略して、「てっさ」となったそうです。

フグの別字に「布久」とありますが、平安時代の表記からです。

「河豚」は、河は(揚子江や黄河)で、海より河に生息するフグが親しまれていたからです。膨れた姿が豚に似ている、釣り上げた時の音が豚の鳴き声に似ている、肉身が豚身と似ていることから「豚」が当てられています。

「鯸」は、「候」はふくれるという意味があり、フグが怒ると腹をふくらませる姿から。「魨」は、豚を他の文字で表すと「豘」となります。これに「河」を付けて、「河豘」としていましたが、魚偏を付けて一字にしたものが「魨」です。

北海道南部から九州、南シナ海にかけて分布し、冬に漁獲されます。日本近海には20種類ほどおり、世界中では100種類を超えます。その中で主に出回るのは、「とらふぐ」「からすふぐ」「しょうさいふぐ」「真ふぐ」の4種類で、他は漁獲量が少なく、ほとんどが地元で消費されます。中でも一番高級なのが「とらふぐ」で、主産地は山口、福岡、大分などですが、最近は養殖ものが多く出回っています。卵巣、肝臓、腸に強い神経毒（テトロドトキシン）をもっており、「真ふぐ」や「しょうさいふぐ」は皮にも毒があります。精巣（白子）は無毒です。

身は弾力のある白身で、脂肪分がほとんどない淡白な味。活けものは淡い甘みがあり、なま臭《ぐさ》みもありません。

●料理
「てっさ」と呼ばれる薄造り（ふぐ刺し）が代表的で、他にもちり鍋、揚げ物、焼き物などがあります。また、精巣（白子）を塩焼き、つけ焼きにしたりして食します。

河豚の身は白身魚の中でも特に固いので、薄切りにして大皿にきれいに並べますが、菊つくり、牡丹つくり、波つくりなど並べ方を工夫してお客様を楽しませる工夫がされます。また、食べる時にはトゲの部分をすき取った鮫皮と、その下にある「とうとうみ」をゆでて、細切りにして一緒に食べます。これに身皮などを入れて煮凍りにして食べたりもします。

鰭を半分にへぎ、天日干しし、焼いてから燗をした日本酒に入れてひれ酒として呑むのも冬の楽しみの一つです。

フグソウメン
白子酒

すし屋の隠語

○鉄皮《てっぴ》

ふぐの皮のこと。ふぐの皮を湯引きし、細切りし、ポン酢で食べるものをいいます。

魚のことわざ

○ふぐ食った猫の腰

ふぐの毒にあたった猫の腰のようにふらふらしている様子「腰抜けである」というシャレ言葉。

○河豚は食いたし命は惜しし

快楽や利益は得てみたいが、後のたたりが怖くてためらうこと。フグは食べたいが、毒に当たって死ぬかもしれないと思うと怖くて食べられないことに由来する。

○一生幸せになりたかったら釣りを覚えよ

古い書籍のことわざに、「一時間幸せになりたかったら酒を飲め。三日間幸せになりたかったら結婚せよ。八日間幸せになりたかったら豚を殺して食べよ。一生幸せになりたかったら釣りを覚えよ」という一文があります。

釣りは奥が深く飽きないことのたとえ。

鮒《ふな》

(16)

Crucian carp

●別字　鯽　鰿　●旬は冬。

●地域によっての呼び名・種類

ゲンゴロウブナ　ギンブナ　キンブナ　ニゴロブナ

鮒の文字は、「魚」と「付」の組み合わせによって出来た文字です。「付」の文字を篆文で書くと上記となります。

付の字源は、A部分が、人の姿の側身形です。B部分は、ものを手渡す手の形です。付の文字は、人にものを渡すようすを示し、人を手で引き寄せて、自分のそばにつける様子を表します。「付」には「くっつける・つく・小さい」などの意味があります。

鮒は水の中を群れをなして後にくっつくほどに泳ぐ習性から「付」の文字が付けられています。

フナは日本各地の流れのゆるやかな川や浅い湖沼に生息する淡水魚です。一般に、食用にされるのは銀ブナ（真ブナ）で、ほとんどが天然ものです。

銀ブナのオスはほとんど見られず、コイやドジョウなど他種の精子からも銀ブナが生まれるという変わった生態をしています。

フナの語源には諸説あります。
○江戸時代の貝原益軒が著した『日本釈名』に「煮て食するに、骨やはらかにしてなきがごとし、骨なし也。ホとフと通ず。ネを略す」。ホネナシがフナに変化した説。
○新井白石が著した『東雅』に「鮒魚をフナといひしも、其の字の音を訓とを合せ呼びしと見えたり」とあり、鮒魚を重箱読みで「フナ」と呼んだ説。
※別字の鯽(ふな)は「背びれを高くたてる」から、鰿(ふな)は「背びれが高く盛り上がった魚」とする説などさまざまあります。

日本各地の川や湖沼に生息する淡水魚。

一般的に料理に使われるのは「銀ぶな」(真ぶな)で、主に大阪などで養殖され、通年出回ります。「寒ぶな」という言葉があるように、冬に脂がのって美味しくなりますが、半冬眠状態になるので、漁獲量が減るため珍重されます。

肝ジストマを発症する幼虫が寄生していることがあるので注意が必要です。

●料理
甘露煮、味噌煮、山椒焼きなどで食します。鮒ずしに使うフナは、以前は「ゲンゴロウブナ」でしたが、現在は「ニゴロブナ」が多いです。

Yellowtail

鰤《ぶり》

（21）

●**別字**　老魚　●**旬**は冬。

●**地域によっての呼び名・種類**

アオ（東北）　アオブリ（富山）　シチ（広島）　シバ（秋田）

鰤の文字は、「魚」と「師」の組み合わせによって出来た文字です。

「師」の文字を篆文で書くと上記となります。

師の字源は、A部分が、神に勝利を祈った「軍を守る肉」の形です。B部分は、ぐるりとめぐる意があります。師の文字は、軍隊の行動の時に勝利を祈願して切り肉を持参させていました。その際の儀礼の肉を切り取る権限を持った長老（指導者）を師といいます。

江戸時代の『和《わ》漢《かん》三《さん》才《さい》図《ず》会《え》』（1712）では「以て出世昇進の物となす。これを大魚と称す、貴賤相饋りて歳末の嘉祝となす」とあり、年末の贈り物にしたとあります。出世魚の一つで長寿のシンボルに重ねたものでしょう。

別字の表記でも「老魚」となります。

また、師走の由来・意味は、12月は僧がお経をあげるために忙しく駆けめぐる月であるところから、師馳せから（師＝しはす）が（しわす）となったものです。

体は紡錘形で、背は青緑色、腹は銀白色を呈します。体側に頭から尾まで黄色い帯があるのが特徴です。

ブリの語源には諸説あります。

○年を経た魚の意味で「経魚(フリウオ)」と呼ばれ、「フリ」が濁音化され「ブリ」となった説。

○中国ではブリを「老魚」と言われていたため、日本でそれを言い表したのが「経魚《ふ》」で、代表的な出世魚であることからの説。

○経魚の「経(フリ)」は、「お久しぶり」や「何年ぶり」などの「振り(ぶり)」の意からの説。

○脂が多い魚であるため「アブラ」の上略で「ブリ」となった説。

○炙って食べることから「炙り(アブリ)」の上略で、「ブリ」となった説。

○体が大きいことから、「身肥太(ミフトリ)」や「フクレリ」が転訛したとする説などさまざまあります。

鰤は、出世魚で大魚であり、師(長生き・長老)の意から「師」の文字が付けられたものです。関東と関西では呼び名が変わります。20㎝ほどまでを関東では「わかし」関西では「つばす」。40㎝ほどまでを関東では「いなだ」関西では「はまち」、60㎝ほどまでを関東では「わらさ」関西では「めじろ」、80㎝以上をどちらも「ぶり」と呼びます。近年は養殖ものが多く出回り、関東では大きさに関係なく、養殖ものを「はまち」と呼びます。

生息域は水温14〜15度の海域で、日本各地から朝鮮半島海域。産卵前に北海道から南下してきた冬のぶりは「寒ぶり」と呼ばれます。

南下するに従って、各地の地名のブランド名がつきます。

●料理

食べ方は、刺身、すし種、塩焼きや照り焼き、ぶり大根などの煮つけ、鍋物かぶら寿司などがあります。関西から西では正月の雑煮に鰤を入れる習慣があるところが多いです。

海が荒れる冬に鰤が多く獲れることから、日本海側で12月に鳴る雷を「鰤おこし」といって、この雷が多くなると鰤が多く獲れると言われます。

出世魚であることから縁起物として正月に食べられますが、「年取り魚」「正月魚」とも言われ、西日本では年末年始の贈答用ともされ、加賀前田家にて初代前田利家の頃から「年取り魚」として鰤をお歳暮に送る習慣がありました。現在でも娘が結婚する際に、その年に嫁ぎ先に鰤を一尾贈る習慣があり、嫁ぎ先は半身を嫁の実家に半身返すことがあります。東日本では「鮭」が多く、糸魚川(新潟)静岡構造線を境に別れるとされます。

鰤は回遊魚であるため漁獲地が変わり、その中でも有名な漁港がありブランド化しています。中でも富山氷見の「ひみ寒鰤」、石川の「天然能登寒鰤」、熊本「天草鰤」などが有名です。ブランド管理をするために、判定委員会を作り、開始時期と終了時期を決め、魚体を判断して販売証明書（ステッカー）を付けています。

ブリの鮮度のポイント

・目が黒く澄んでくっきりとしているもの
・腹部分がふっくらとしてハリ感があるものは脂がのっていて良い
・全体的に丸みを帯びて弾力のあるもの
・模様がくっきり見えるもの
・切り身で買うとき、パックの中に水や血が出ていないもの
・血合いが鮮やかな紅色で身にもつやがあるもの。古くなると血合いが黒ずむ

Gray mullet

鯔《ぼら》

(19)

（篆文）

●**別字**　鮱　鰡

●**別名**　寒ぼら（大型で冬期）　●**旬**は秋から冬。

鯔の文字は、「魚」と「甾」の組み合わせによって出来た文字です。

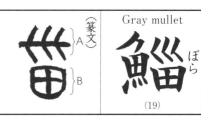

「甾」の文字を篆文で書くと上記となります。

甾の字源は、A部分が、川の水がせきとめられスムーズに流れないことを示します。B部分は、田畑です。甾の文字は、田の作物が育たず荒れて、作物が枯れて黒ずむことを表します。

鯔は、魚体の背の色が黒っぽいところから「甾」の文字が付けられています。

ボラの語源には諸説あります。

○「腹が太い」という意味の「ほはら（太腹）」に由来する説。

○マライ語の「ボラナク」や「ベラナク」、タイ語の「プラ・ボラ・モー」に由来する説などさまざまあります。

ボラは出世魚です。３㎝以下の幼魚を「ハク」、３～18㎝のものを「オボコ」、生後１年を経過した18～30㎝のものを「イナ」、２～４年の30㎝の成魚を「ボラ」、５年以上の50㎝以上の老成魚を「トド」と呼びます。ボラの老成魚から「これ以上はない」という意味の「トドのつまり」は、ここから生まれた言葉です。また、世間知らずとか子供っぽいの意味の「オボコい」も鯔《ボラ》の若魚の名前に由来するものです。昔から親しまれてきた魚のあらわれですね。

全国各地に生息。幼魚期の春に川を溯り、秋まで汽水域で育ちます。4年ほど内湾の浅瀬で成育した後、10～11月の産卵期に先立って外海に移動します。

この時期のぼらの卵巣を塩漬けにして干し、「からすみ」として珍重します。

●料理

身は白身の肉でやや硬く、特有の臭いがあるので、洗いにします。

鯔は底土の中の有機物や藻類を食べるため歯が退化してなくなります。その代りに胃壁が厚く発達して硬い塊りになり、ここで餌を砕きます。ここを「ぼらのへそ」といいます。幼魚のうちは川で過ごすので身が泥臭く、成魚になると外洋で過ごすため臭みは薄くなりますが、やはり独特の臭いがあるため、味噌漬け、鍋物などにされます。

台湾でも食べられ、身は当然ですが浮袋をごま油で炒めて産後の栄養補給としたり、内臓を豆鼓と一緒に煮たり、醤油焼きにしたりします。イタリアでも「ボッタルカ」というからすみがあり、鯔または鮪の卵巣を塩蔵、乾燥したもので、ボッタルカをすりおろし、パスタに混ぜるのは定番であり人気メニューであります。日本では最近、手打ちそばにからすみをすりおろし、上からふりかけ、混ぜて食べさせるお店もあります。

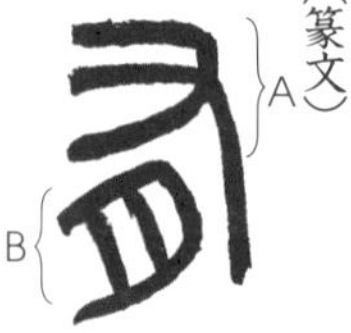

鮪《まぐろ》

Tuna

(17)

●**別字**　志毘　斯思　真黒　眼黒　●旬は後に記。

鮪の文字は、「魚」と「有」の組み合わせによって出来た文字です。「有」の文字を篆文で書くと上記となります。

鮪の字源は、Ａ部分は人の右手を描いたもので、Ｂ部分は月（肉）を表しています。有の文字「外側を囲む」という意味があります。鮪は、体が大きく太って肉付きのよいこと（脂肪・大トロ）から「有」の文字が付けられています。

マグロの語源には諸説あります。

○『古事記』には「志毘《シビ》」・「斯毘《シビ》」とあり、『日本書紀』には「思亡《シビ》」・「鮪」とあります。常温で時期がたつと真黒になる説。

○海の中で真黒（体色が真《ま》っ黒《くろ》）な魚が泳ぐ説。

○江戸時代の『物類称呼』（越谷吾山）では、目が黒いことから「眼黒（まぐろ）」となった説とさまざまありますが、今のところ越谷吾山の「眼黒」説が有力とされています。

旬は特になく、種類や海域、部位によってうま味が変わります。

（ケタ）

主な種類として、「黒まぐろ」「南まぐろ」「びんながまぐろ」「めばちまぐろ」「きはだまぐろ」などがあります。「黒まぐろ」は最大で全長3ｍ、重量350㎏以上にもなります。季節により海流に沿って回遊するものと、成長に伴って回遊する海流を変えるものがいます。止まることなく常に泳いでおり、かまの部分から水中の酸素を取り込み、呼吸しています。

●料理

「黒まぐろ」と「南まぐろ」などは、部位によって肉質と味も異なります。刺身、すし種、山かけ、ねぎま鍋、照り焼き、煮つけ、などにして食べます。また、かぶと焼き、グリル、煮込み、バター焼きなどにもします。

日本近海での漁獲は10～1月で、水揚げされた港により産地表示されます。有名な湾は青森の大間、北海道の戸井、松前、宮城の塩釜、神奈川の三崎、静岡の焼津などです。遠洋で捕獲されたものは冷凍して輸入され、カナダ、ボストン、ニュージーランド産などがあります。また、養殖も盛んで、奄美大島、沖縄、長崎、メキシコ、スペイン、オーストラリア、イタリアなどで行っており、近年では完全養殖もされ、和歌山での近大鮪は有名です。

おろす際は上身の背と腹、下身の背と腹の5枚におろします。それぞれの頭側を「カミ」、真ん中を「ナカ」、尾側を「シモ」と呼び、ブロックに分けます。大きく分けて、腹のカミが「大とろ」、腹のナカが「中とろ」、腹身のとろ以外の部位と背身はほぼ「赤身」と呼ばれますが、赤身の中でも背のナカが質が良いとされます。

サクで購入する場合は、目が平行で、ある程度の間隔があるものを選ぶと良いでしょう。間隔が狭くサクの片方に向かってさらに狭くなっているものは尾に近いもので、筋が多くなります。

マグロを祀る神社があります。

兵庫（西宮市社家町）西宮神社で昭和45年から始まったもので、毎年正月8日に商売繁盛を願う「十日えびす」に先立ち、「招福大まぐろ奉納式」が行われます。

大マグロ一匹、タイ二匹が神前に供えられます。神事が終わると、参拝者はマグロの体にお賽銭《さいせん》を貼りつけ、「お金が身につく」ということで、金運向上のご利益があるといわれます。その後、マグロにつけられたお賽銭は奉納され、マグロも解体され祭の関係者に振舞われます。

他に、兵庫（神戸市兵庫区西柳原町）柳原蛭子《やなぎはらひるこ》神社、三重（度会郡南伊勢町）照泉寺境内「支毘大明神」などがあります。

すし屋の隠語

○とろ
マグロの腹身のこと。脂肪が多く「とろっ」としたところからつけられたものです。

○鉄火
マグロの赤身を中心に巻いたのり巻きのこと。昔、賭博場を鉄火場と呼んでいて、博打《ばくち》を打ちながら食べやすいように作ったのり巻きからきています。

○づけ
まぐろを醤油だれに漬けたもの。

一貫・二貫

すし屋で「一貫」・「二貫」といいますが、握りずしは江戸時代後期の文政年間に広まったといわれています。それまでは「押しずし」が中心で、握りずしの考案者は、東両国にあった「与《よ》兵衛《へえ》寿司《ずし》」の主人の華屋与兵衛とも、「松の鮨」の境屋松五郎ともいわれます。

「一貫」・「二貫」の「貫」の語源については諸説あります。

㈠寿司を握るときの力を「一貫目の氷を重しにしたくらい」と表現したことが由来という説。ちなみに氷の単位は「貫」です。一貫は3.75㎏です。

㈡金銭の単位であった「貫」に由来するという説。当時は、穴があいた一文銭を1000枚、紐で束ねたもの(一さし)を一貫と呼んでいました。この大きさがちょうど寿司の大きさと同じだったから、とのことですが、実1000枚程を束ねるとかなりの大きさになってしまいます。大きすぎてしまうので、1000枚でなく100枚を束ねた「百文さし」を大げさに言い表して「一貫」と呼んだのではというのです。

㈢巻き寿司の呼び方に由来する説。「一巻(いっかん)、二巻(にかん)」から貫の字を当てたというのです。

㈣明治から大正時代にかけて、10銭を一貫と呼んだ期間がありました。その当時のすしが5銭ぐらいの値段だったので、二つで一貫といったからという説。

Trout

鱒《ます》

(23)

(篆文)

●**別字**　松魚　赤目魚　鮅魚

●**旬は春から夏。**

鱒の文字は、「魚」と「尊」の組み合わせによって出来た文字です。

「尊」の文字を篆文で書くと上記となります。

尊の字源は、A部分が、香りの出ている丸みを帯びた酒壺《つぼ》や徳利を示します。B部分は、人の手の形です。尊の文字は、円筒形の酒が入った壺を重々しく両手で捧げ持ち、神にお供えしている形を表しています。鱒は、重みのある丸い形の胴体をもつ魚であり、魚肉も酒を飲んでいるように赤い目と赤い身をしているところから「尊」の文字が付けられています。

鱒の漢字表記は、平安時代の『新撰字鏡』（９０１）・『本草和名』（９１８年頃）に記録があります。

一般には、サクラマスやカラフトマスをマスといいます。川で生まれて海に降り、再び春に川をさかのぼる習性があります（サケは秋に川を上がります）。ただ、サケ、マスやニジマスのように淡水産のマスもあります。

富山や青森が主産地となっていた「サクラマス」は、現在、漁獲量が減り、カラフトマスをマスと呼ぶようになりました。サクラマスが孵化《ふか》した後も海に下らず、川の上流に棲むようになったものがヤマメです。ニジマスは天然ものはアラスカからカナダ、アメリカ西海岸に生息します。日本へは明治10年(1877)から移殖され、各地の池や湖沼で養殖されています。体側にある「ピンクの帯が虹色に輝くことからこの名がついています。新鮮なものほど鮮やかな色をしています。

マスの語源には諸説あります。

○新井白石は、朝鮮の松魚(マス)を日本ではマツノイヲといい、マツノイヲをマスノイヲ、それがさらに転訛して「マス」になった。

○新井白石が著した『東雅』に、「マスとはその味の鮭魚(サケ)に勝りぬるをいふ」、つまり味がサケに勝るから「マス」という説。

○マスは「増す」であり、繁殖力の旺盛なことに由来するという説とさまざまな説があります。桜マスは、桜の咲く頃に、遡上するからだといわれています。

鱒と鮭は生物学的に違いはありませんが、「樺太ます」「桜ます」「紅ます」「姫ます」など、名称に「ます」がつく魚を総称して鱒と呼ばれます。特に漁獲量が多いのが「樺太ます」で、鱒というと一般的にはこれをさします。降海型と陸封型があり、日本各地で養殖もされています。

●**料理**

焼き物、酢の物、蒸し物、フライ、バター焼きなど様々。桜ますは鱒ずし、虹ますはムニエルや燻製に向きます。

Rockfish; Sea perch

鮴　めばる

（17）

●**別字**　目張　●**旬は後に記。**

●**地域によっての呼び名・種類**
タケノコメバル（関西）　シンチュウ（兵庫）
アオテンジョウ（紀州）　ハチメ・ハツメ（北陸）　ソイ（東北）

鮴の文字は、「魚」と「休」の組み合わせによって出来た文字です。「休」の文字を篆文で書くと上記となります。

休の字源は、A部分が、人の姿の側身形です。B部分は、今は「木」となっていますが、もともとは「禾（か）」。戦で手柄を立てた兵士を軍門の前で表彰することを「休」といっていました。

殷の次の周時代には、戦い以外の手柄においても表彰され、表彰された兵士は、休暇も与えられていました。それで、休の文字は「やすみ・やすむ」の意味で使われています。

鮴は、一般的には目張と書きます。鮴の文字は国字です。

鮴は川底の下や岩礁の間でそっと隠れ棲《す》んで過ごします。ですから「休む魚」といわれ魚偏に「休」の文字が付けられています。

鮴は根魚《ねうお》と呼ばれる魚です。根魚とは、岩礁《がんしょう》の間や海藻の繁るところに生息して、その場所からあまり動かず、遠くに移動しない魚のことです。

一般に、メバルといわれる魚は、メバル、ウシメバル、エゾメバル、トゴットメバルなど約30種類ほどあり、いずれも目が大きくてパッチリとした特徴があります。メバルでも、浅海にいるものと、深いところに生息するものでは体色が違います。この色によって、金メバル、黒メバル、赤メバル、白メバルと呼び分けることがあります。これは餌の違いから、味にも違いがあります。もっとも美味とされるのが金メバル。次に黒メバルがいいとされます。

メバルの語源は、飛び出したように目が大きく開き、岩と岩の間などから見張っているようにして休んでいるところから「眼張(めばる)」と呼ばれています。別名の「目張」はめばるのようすから当てられたものです。

旬は4〜5月と言われますが、秋には脂がのって美味しくなります。一年中獲れる魚です。鰆と同様に「春を告げる魚」と呼ばれ、眼張が釣れると、海釣シーズンが始まったと言われます。

日本各地の沿岸の岩礁域に生息し、成長したものはやや沖合に出てきます。棲む深さによって体色が変わり、浅いところに棲む黒っぽいものが「黒めばる」、やや深いところに棲む赤みの強いものが「赤めばる」と呼ばれます。他にも「白めばる」と「金めばる」がいます。体長20㎝で3〜4年のものがおいしいとされます。食べ方は煮つけ、から揚げにすることが多いです。

メバルの鮮度のポイント

・目に濁りが無く、黒く澄んでいるもの　・色が鮮やかではっきりしているもの

鰙《わかさぎ》

(19)

Pond smelt

（篆文）

●別字　公魚　若鷺

●地域によっての呼び名・種類　サクラウオ（福島）シラサギ・アマギ・アマサギ（山陰）ソメグリ（北陸）ハヤ（霞ヶ浦）コワカ・オオワカ・オオカワ（福島・群馬）ツマ（青森）サイカチ（群馬）

●旬は秋から冬。

鰙の文字は、「魚」と「若」の組み合わせによって出来た文字です。「若」の文字を篆文で書くと上記となります。

若の字源は、A部分が、女性の側身形です。B部分は、女性が両手を上げている形です。C部分は、祝祷を収める器を表しています。若の文字は、巫女が両手を挙げて、髪の毛をふりかざし、身全体をくねらせて無心に舞う姿を描いたものです。神社などで巫女が跪《ひざまず》いて神に祈り、神託を受けている形です。

鰙は、身体が細く・小さく・弱々しいことから「若」の文字が付けられています。

一般にワカサギは「若鷺」と表記されます。

ワカサギは、霞ヶ浦（茨城県）や宍道湖《しんじこ》（島根県）といった、淡水と海水が混ざりあう汽水湖に生息していた魚です。ところが、ワカサギは淡水でも海水でも適応し順応性の高い魚で、水温にも慣れてしまう特性があります。ワカサギは美味な魚で、商業的な価値が高いため、琵琶湖をはじめ、全国各地の湖沼で移殖放流されています。ワカサギは1年で成熟し、全長10〜15㎝ほどになります。

現在では、淡水産のワカサギが主流ですが、宍道湖ものなどは根強い人気があります。また、湖に張った氷に穴を開けて、釣り糸を垂らして「ワカサギ釣り」を行いますが、昔も今も冬の風物詩です。

ワカサギの語源には諸説あります。

○ワカサギの「ワカ(湧く・発生する)」で、「サギ(多い)」の意でザクザクとたくさんいるの説。

○ワカサギの「ワカ(若い・幼い)」で、「サギ(小魚)」を表すとする説などさまざまあります。また、ワカサギを「公魚」とも書きますが、これは、常陸国の麻生藩が徳川十一代将軍、徳川家斉に霞ヶ浦産のワカサギを献上したことから「公儀御用魚」の意味で当てられたことに由来します。

全長10〜13㎝くらいになり、胡瓜に似た独特の香りを持ちます。鮮度が落ちやすく、冷凍されたものが出回ることも多いです。味は淡泊であっさりしており、カルシウムも多く含みます。

●料理

天ぷら、から揚げ、照り焼き、南蛮漬け、佃煮(あめ煮)などで食します。

すし屋の隠語

○おあいそ

漢字で書くと「お愛想」となります。「お愛想」は「愛想尽かし」を省略した言葉です。「もう○○に愛想が尽きた!」など使いますが、元々は遊郭で使われていた言葉です。お客がお気に入りだった女郎に対する愛情をなくして、「もう店には行きたくない!」という状態を「愛想尽かし」と呼んでいました。

飲食店で、客が店側に対して「おあいそ!」というのは「この店には愛想が尽きたからもう二度と来ません!」という意味になってしまいます。

また、日本には「ツケ」という文化がありました。行きつけの店で飲み食いした分の代金をその場で支払わずに、お店の帳簿につけてもらって後でまとめて支払うという仕組みです。この場の支払わず「ツケ」にするのは「また来るよ!」というメッセージでもあります。粋な文化です。ツケにせずきれいに清算してしまうのは「もう来ないよ」という意味なのです。

医食同源という言葉があります。普段から年令や生活スタイルを考えた栄養バランスの取れた食事をとることが、病気を予防したり治したりする最も良い策であり健康的な身体が持続できるという意味です。

近年では美食同源という言葉もあります。偏りのない食事を規則正しく摂取することでおのずと美しい体になります。また、食材の中には老廃物を体にためず排出する働きで美肌効果が上がるものもあります。外側からのお手入れが全くいられないということでなく、体によい食材を食べることで、過分なお手入れが必要でなくなるということです。

美しい体づくりは内側から美しさを作り出さねば、本物の美肌は手に入らないということです。

包丁

包丁には、大きく分けて「和包丁」と「洋包丁」があります。

和包丁は、日本の食文化と共に変化し、種類も豊富になってきました。今では主に和食の調理に使われることが多くなっています。

洋包丁は、明治時代に西洋から日本に入ってきた包丁で、現在では、家庭用として販売されています。

・刺身包丁＝生の魚介類を刺身などのために切り身などを薄く切るために使われる包丁です。刃渡りは18〜36㎝程度で細長い。

・正夫（柳刃）＝関西型の刺身包丁で、刃の形状が菖蒲の葉に似ているところから正夫（しょうぶ）と呼ばれ、先が尖っていて使い易く、一般的な刺身包丁として使われています。また、刃の形状が柳の葉に似ているので柳刃とも呼ばれています。刺身包丁は、刃の長さを利用してスーッと引くように切りますので、少なくとも刃渡り20〜24㎝は必要です。

・出刃包丁＝魚をさばく時に使います。峰が厚くてがっしりした包丁です。何でもザクザク切れそうですが、刃の作りはとても薄く、しかも片刃ですので、乱暴に叩き切りしたりすると刃コボレします。このような場合は、峰に手をそえてグッと押すように切ることをお勧めします。刃渡りは、約15㎝あればたいていの魚はさばくことができます。名前の由来は、江戸時代の堺の刀鍛冶が仕事が減って包丁職人になり、開発した鍛冶職人が出歯であったことから「出っ歯の包丁」から「出歯包丁」が「出刃包丁」になったものです。

・小出刃包丁＝小さな出刃包丁です。小魚の背腹開きや三枚おろし、てんぷらなどの下準備にも使われます。

・菜切包丁＝野菜を切るための包丁です。刃は水平で幅が広いので、白菜などのカサのある野菜を切ったり皮をむいたり、のし餅を切るのに便利です。片刃が多い和包丁の中で菜切りは諸刃です。刃渡りは15〜17㎝が一般的です。アゴの丸いのが東型、角ばったのが西型です。

・寿司切＝巻き寿司や押し寿司を切るときに使う包丁です。諸刃で幅が広く、刃形は丸みを帯びている包丁です。ご飯や具をこわさないように工夫された形で、刃渡り24㎝くらいです。

・鱧（はも）しめ＝鱧用の包丁です。鰻より鱧のほうが少し大きいので刃肉は厚く、力が入りやすい握りにしてあります。鱧料理の職人の方々の意思を基にこの様な形状の包丁になりました。

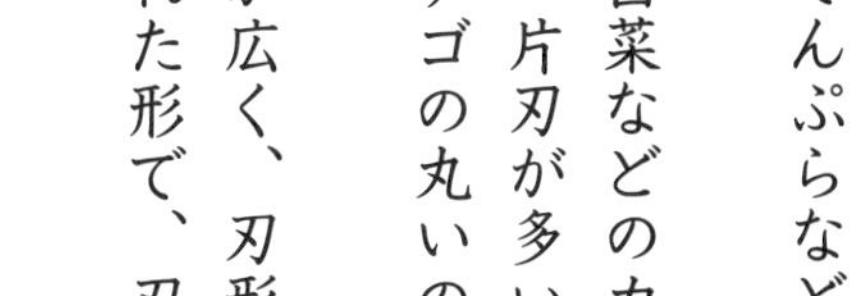

・蛸引＝関東型の刺身包丁で、蛸引きと呼ばれていますが、蛸専用の刺身包丁というわけではありません。正夫《しょうぶ》（柳刃）同様、この刺身包丁も刃の長さを利用して、スーッと一息に引きます。刃を往復させるとお刺身の身の組織がくずれて、切り口も美しく光らないので、お刺身の味わいが損なわれます。刃渡りは正夫と同様です。

・ふぐ引＝ふぐの上身を切り分けたり、刺身にする専用の包丁です。正夫より峰の厚みが薄く、身幅も狭く、刃先も直線的です。

参考文献および資料

『甲骨文字典』(四川辞書出版〈四川省新華書店〉)邵世強責任輯　著

『甲骨文編』(中華書局出版)孫海波　著

『金文編』(中華書局出版)容庚　著、張振林・馬國權　増補

『古文字詁林』(上海教育出版社)

『金石大字典』(中文出版社)康有為・于右任　著

『金文続編』(中文出版社)容庚　著

『説文解字』(中華書局)

『訓讀 説文解字注』(東海大学出版)

『説文解字注』段玉裁　著

『古文字學新論』(榮寶齋)康殷　著

『大系漢字明解』(富山房)高田忠周　著

『大漢和辞典』(大修館書店)諸橋轍次　著

『新訂字統』(平凡社)白川静　著

『漢字の起源』(角川書店)加藤常賢　著

『甲骨金文辞典　上下』(雄山閣)水上静夫　著

『漢字語源辞典』(学燈社)藤堂明保　著

『康熙辞典』(中華書局)

『古文字類編』(東方書店)高明　編

『四季のさかな話題事典』(東京堂出版)金田禎之　著

『魚偏漢字の話』(中公文庫)加納喜光　著

『神社のどうぶつ図鑑』(二見書房)茂木貞純　著

『中国釣魚大観』(上海文化出版)呉鎮　著

『中国魚文化』(中国華僑出版)陶思炎　著

『さかな風土記』(旺文社文庫)末広恭雄　著

『魚・肴・さかな事典』(大修館書店)末広恭雄　著

『日本産魚名大辞典』(三省堂)日本水産学会

『素材の力を引き出す包丁の使い方』(ナツメ社)

『プロのためのわかりやすい日本料理』(柴田書店)

『料理材料大図鑑　Marche' マルシェ』(講談社)

『魚へん漢字講座』(新潮文庫)江戸屋魚八　著

『日本料理秘密箱』(柴田書店)阿部弧柳　著

『日本料理の社会史　和食と日本文化』(小学館)原田信男　著

『料理材料図鑑　マルシェ』(講談社)辻調理師専門学校　監修

特徴・処理と料理

大阪あべの　辻調理師専門学校
日本料理　教授

岡田　裕

編集

寺東　百合子
北口　勝彦
松本　智美
片山　智世子
神谷　敬子
黒飛　久美子
関　奈々
浅井　由貴

協力

青木　初夫
二越　甫
霍田　裕
千里阪急鮮魚店

使用フォント（モトヤ教科書体）

株式会社モトヤ

写真

高橋　栄一

印刷・製本

大阪書籍印刷株式会社　成田節夫
加幡拓也

料理とは宇宙の美と愛を
その人に伝える芸術

祚久

原田 幹久

1954.10.30生

福岡県久留米市出身

大東文化大学　中国文学科　書道専攻
元九州女子大学教授
元日展会友
元読売書法会理事

朝日新聞（漢話百題）　2004.8〜2007.6
上越タイムズ（文字の起源）　2013.4〜2017.1

現在　佛教大学・花園大学非常勤講師
　　　（株）モトヤ・デザイン室顧問

書・漢字学の研究を中心に執筆活動を続けている。

著書｜冠婚葬祭
　　｜かな集字字典
　　｜中国書・画・篆刻名家総鑑（萱原書房）
　　｜儀礼の書（日本習字普及協会）
　　｜漢字の姿Ⅰ（芸術新聞社刊）
　　｜古玩蒐集Ⅰ（命知社）
　　｜漢字の知識 部首辞典（日本教育研究センター）

大阪事務所・教室｜〒530-0001 大阪市北区梅田1-2-2-200号
　　　　　　　　｜大阪駅前第2ビル 2F　書道研究（三輪亭）
東京教室（慶花堂）｜〒104-0061 東京都中央区銀座5-9-13-8F

日本の魚・おもしろい漢字の話 すしが楽しい 字源・語源

2019年5月1日 初版発行

著 者 原田幹久

発行者 岩田弘之

発行所 株式会社 日本教育研究センター

〒540-0026 大阪市中央区内本町2-3-8-1010

TEL.06-6937-8000 FAX.06-6937-8004

http://www.nikkyoken.com/

★定価はカバーに表示してあります。乱丁・落丁本はお取り替えいたします。

ISBN978-4-89026-200-7 C0581